Lucas Faulhaber
Lena Azevedo

SMH 2016

REMOÇÕES
NO RIO DE JANEIRO OLÍMPICO

mórula
EDITORIAL

Rua Teotônio Regadas, 26 / 904 – Lapa – Rio de Janeiro
www.morula.com.br | contato@morula.com.br

CIP-BRASIL. CATALOGAÇÃO NA PUBLICAÇÃO
SINDICATO NACIONAL DOS EDITORES DE LIVROS, RJ

A988s Azevedo, Lena, 1971
SMH 2016: remoções no Rio de Janeiro Olímpico / Lena Azevedo, Lucas Faulhaber ; fotógrafo Luiz Baltar. – 1. ed. – Rio de Janeiro : Mórula, 2015.
124 p. ; il. ; 25 cm.

Inclui bibliografia
ISBN 978-85-65679-29-9

1. Espaços públicos – Aspectos sociais. 2. Renovação urbana. 3. Segregação urbana. 4. Urbanização – Aspectos sociais. 5. Áreas portuárias. 6. Áreas portuárias – Rio de Janeiro (RJ). 7. Renovação urbana – Rio de Janeiro (RJ). 8. Planejamento urbano. 9. Sociologia urbana. I. Faulhaber, Lucas. II. Baltar, Luiz. III. Título.

15-19406 CDD: 307.76
CDU: 316.334.56

SMH 2016

REMOÇÕES

NO RIO DE JANEIRO OLÍMPICO

COORDENAÇÃO EDITORIAL
Marianna Araujo
Vitor Monteiro de Castro

PESQUISA
Lucas Faulhaber
Manuela Santos Neves

PROJETO GRÁFICO
Patrícia Oliveira

REVISÃO
Suzana Barbosa

FOTOS
Luiz Baltar

MAPAS
Lucas Faulhaber

APOIO
HEINRICH BÖLL STIFTUNG
15 ANOS no BRASIL

NOTA DO EDITORES

A primeira parte deste livro é baseada na pesquisa de Lucas Faulhaber, *Rio Maravilha – práticas, projetos políticos e intervenção no território no início do século XXI*, realizada para a conclusão do curso de Arquitetura e Urbanismo, na Escola de Arquitetura e Urbanismo da UFF, sob a orientação de Cristina Nacif. A pesquisa foi ampliada com a colaboração da pesquisadora Manuela Santos Neves e as entrevistas realizadas pela jornalista Lena Azevedo, que compõem a segunda parte desta publicação. A redação final do texto foi realizada pelos dois autores com a colaboração dos editores. Ao longo da edição, Luiz Baltar integrou-se à equipe e cedeu imagens do seu extenso trabalho de documentação sobre favelas e violações de direitos no Rio de Janeiro.

Quem inventou a fome são os que comem.

CAROLINA MARIA DE JESUS

165

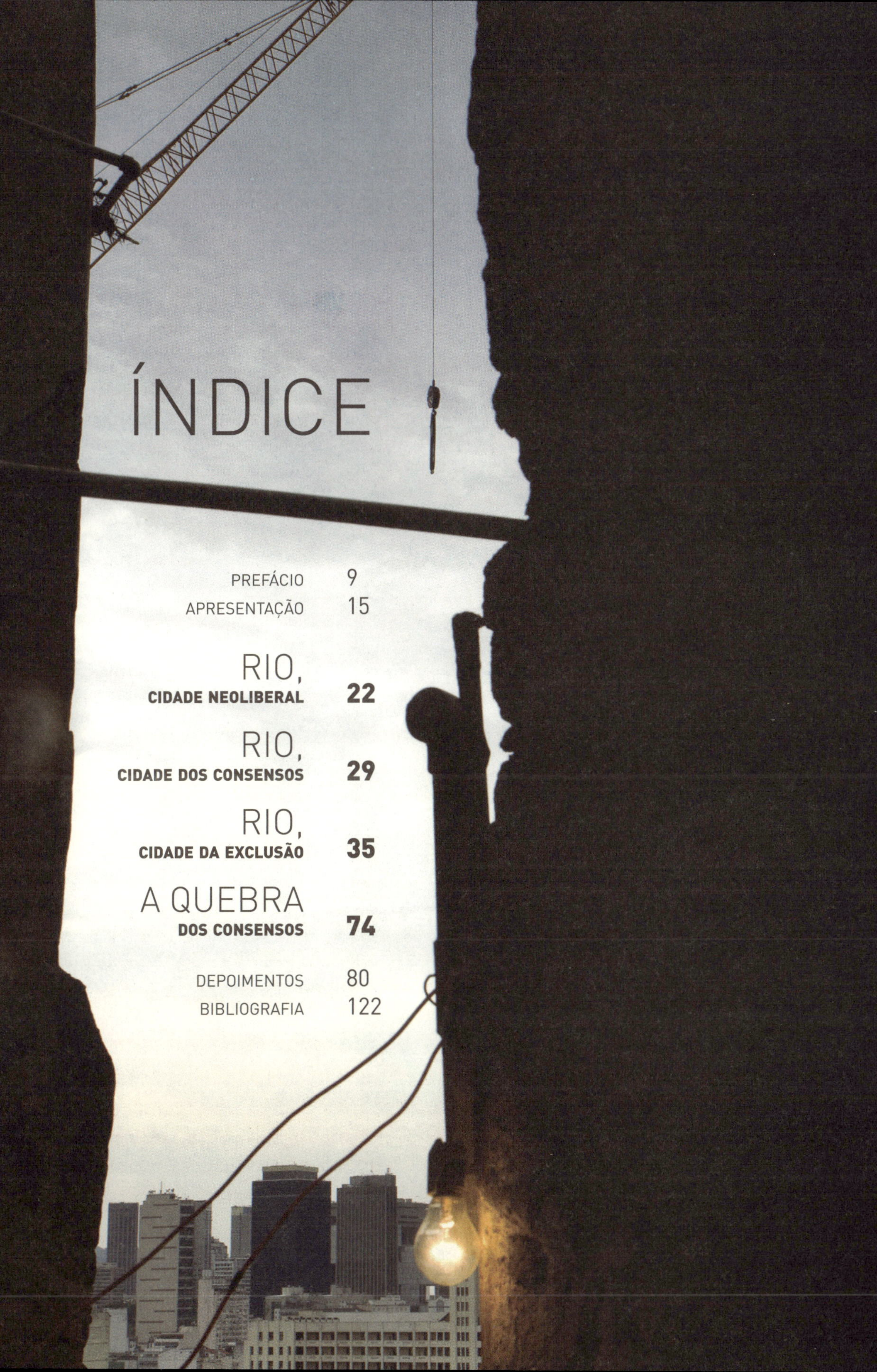

ÍNDICE

NAO JO
LIXO

Prefácio

QUANDO VI O MAPA COLORIDO do Rio de Janeiro com linhas rosas ligando os lugares de onde milhares de pessoas haviam sido removidas desde 2009 e as casinhas amarelas do programa Minha Casa Minha Vida onde elas foram reassentadas, pensei: os fios ainda soltos de uma narrativa feita de uma combinação de anúncios ufanistas, resistências com muita dificuldade de se fazerem ouvir e enormes interrogações finalmente se juntaram!

Perguntei aos companheiros do Comitê Popular da Copa do Rio de Janeiro quem havia produzido tal mapa. Eles me responderam: Lucas Faulhaber, no âmbito de seu trabalho de final de curso em Arquitetura da Universidade Federal Fluminense, sob a orientação da professora Cristina Nacif. Me emocionei: um estudante de graduação de uma universidade pública brasileira estava investindo toda sua capacidade investigativa para pesquisar — e para revelar para o mundo — o que estava por trás daquela miragem da cidade maravilhosa, de um Rio de Janeiro recuperado em sua autoestima e em sua capacidade de promover qualidade urbanística, por detrás da mágica paisagem do consenso, sem favelas nem mazelas, que os meios de comunicação insistiam em promover. Ao saber do trabalho do Lucas, tive mais uma confirmação de que o mundo não estava perdido!

Desde que assumi o mandato de relatora das Nações Unidas para o Direito à Moradia Adequada, em 2008, comecei a acompanhar a situação do Rio de Janeiro mais de perto. As denúncias vindas de cidades que iriam sediar megaeventos esportivos na Índia, na China e na África do Sul serviram de alerta para o que poderia acontecer nas cidades brasileiras assim que o Brasil foi confirmado como sede da Copa do Mundo em 2007. Minha preocupação era de que a mesma história de remoções forçadas, despejos em massa e bloqueio dos canais de acesso à justiça para os afetados poderia vir a se repetir. A preocupação se agravava no caso do Rio: além da Copa, a cidade também seria sede das Olimpíadas em 2016.

Desde que assumi o mandato, comecei a receber uma enorme quantidade de denúncias de que a construção de estádios, equipamentos esportivos e infraestrutura viária e de transportes estava desalojando milhares de pessoas, sobretudo moradores de assentamentos informais em várias cidades do mundo, em completa discordância com o marco internacional que protege o direito à moradia adequada. Diante da quantidade de denúncias e da seriedade da questão, decidi procurar o COI e a FIFA e elaborar um relatório temático específico sobre os impactos dos megaeventos no direito à moradia para apresentar ao Conselho de Direitos Humanos da ONU[1]. Nesse relatório, a transformação desses eventos em grandes plataformas de negócios — que vendem tudo que a eles se relaciona para plateias globais — apareceu de forma clara. Inclusive — e principalmente — a imagem da própria cidade-sede é um produto a ser vendido. Também destaquei as violações de direitos praticadas no contexto de eventos como esses, principalmente por suspenderem a ordem legal dominante com a legitimidade obtida pelo apoio popular aos jogos. Antes restritos a cidades de países desenvolvidos, esses processos também aportaram nos chamados países emergentes. Passaram, portanto, a se armar sobre um tecido sociopolítico marcado pela desigualdade e pela urbanidade incompleta, expondo os mais pobres e vulneráveis de forma ainda mais forte.

Também seria assim no Brasil de Lula? Quando começamos — pesquisadores de universidades, ONGs, defensores de direitos humanos — a procurar entender como os que estavam no meio do caminho dos jogos seriam tratados no Brasil, um primeiro obstáculo apareceu de imediato: a absoluta falta de informação sobre os projetos de reestruturação urbana que seriam implementados. Nas cidades-sede da Copa, as perguntas "onde?", "quem?" e "como?" não estavam sendo debatidas na esfera pública, não haviam sido definidas nos planos diretores ou em outros projetos com discussão mais ampla. Até hoje não se sabe exatamente quem foi o autor dos projetos de intervenção urbanística para a recepção da Copa e das Olimpíadas no Rio de Janeiro.

1. A/HRC/13/20. Disponível em: http://www.ohchr.org/EN/Issues/Housing/Pages/AnnualReports.aspx.

Tínhamos ainda menos informação sobre os possíveis atingidos. Na medida em que corredores de ônibus, projetos de revitalização e outras intervenções iam sendo anunciados de forma aleatória, nunca era divulgado quantas pessoas seriam removidas, para onde iriam e quais as propostas, custos e fontes de financiamento para seu reassentamento. Não fomos apenas nós, urbanistas, defensores de direitos humanos e cidadãos do Rio de Janeiro, que não participamos de nenhuma dessas decisões. Como os autores nos contam na segunda parte deste livro, os próprios atingidos ficavam sabendo que teriam que deixar o lugar onde tinham construído suas vidas quando, ao chegar do trabalho, encontravam as letras SMH e um número pichados nas fachadas de suas casas. Além de obstáculo, a ausência de informações é também a primeira violação aos direitos humanos: a completa falta de transparência e participação foi a regra em questões que variam desde onde, como e quantos seriam os atingidos até as alternativas disponíveis para evitar remoções ou propiciar reassentamentos dignos.

Este trabalho é fundamental para lançar luz nessa opacidade. Um dos pontos mais fortes do estudo é trazer informações precisas e — por serem muito difíceis de encontrar e sistematizar — preciosas sobre as remoções dos pobres urbanos no Rio de Janeiro, no contexto do projeto de modernização pré-Copa e Olimpíadas. Quantas pessoas foram removidas, em que condições, sob quais justificativas e para onde foram são perguntas respondidas aqui. Mas o trabalho não se resume apenas a isto. As respostas são analisadas em sua lógica espacial: mostram que as desapropriações e remoções têm uma geografia baseada num processo milimétrico de desconstrução de direitos e de abertura de uma área da cidade como nova fronteira de expansão do mercado imobiliário. O livro apresenta como isso ocorre em escala municipal — quando mostra a "coincidência" entre, por um lado, os lugares reservados aos grandes projetos vinculados aos megaeventos e à mudança de imagem da cidade e, por outro, as remoções em função de áreas de risco, o que configura uma política de segregação que a presença das grandes favelas na Zona Sul ainda insiste em questionar. Mas a escala dos próprios projetos de corredores também é estudada e apresentada, quando os autores assinalam os novos empreendimentos imobiliários que passaram a ocupar o lugar dos removidos.

Sua remoção das áreas centrais abre caminho para investimentos privados com localização privilegiada, ao mesmo tempo em que reforça a ideia de que o lugar dos pobres é na periferia, em áreas não conectadas com o restante da cidade e desabastecidas de qualquer infraestrutura.

É certo que remoções não são propriamente uma novidade na história das cidades. Mas o livro aponta para duas dimensões que marcam a diferença do cenário atual.

Em primeiro lugar, a sistematização das informações fortalece as denúncias — vindas principalmente dos atingidos, dos movimentos sociais e dos Comitês Populares da Copa — de que um processo de remoção em massa estava em curso. A comprovação ganha ainda mais importância diante da postura do governo brasileiro, que negou a existência de remoções forçadas até mesmo nas respostas oficiais às minhas comunicações, enviadas na qualidade de relatora. Se Pereira Passos e Carlos Lacerda ficaram consagrados na memória coletiva como representantes da política de despejos massivos, o número de pessoas removidas na gestão de Eduardo Paes supera — e muito — o das anteriores. Não se trata apenas de uma mudança quantitativa. Esses dados alteram nossa compreensão da história: as cenas brutais de *A revolta da vacina*[2] e de *O cortiço*[3] não só não ficaram no passado, mas são amplificadas e ganham maior complexidade com novas mediações entre público e privado, com a extração sem precedentes de lucros que combina ganhos imobiliários e financeiros. Não se trata apenas de uma nova escala de despossessão urbana que atinge o território da informalidade, mas também de uma nova dimensão da própria despossessão, na medida em que, em tempos de capitalismo financeirizado, a terra se tornou um elemento central no processo de circulação dos excedentes financeiros globais, transformados em várias formas de capital fictício.

Em segundo lugar, o livro mostra que não se trata de um processo conjuntural, relacionado apenas a eventos esportivos temporários. Há uma geografia que corresponde à abertura de fronteiras de expansão do próprio mercado, um processo estrutural de despossessão dos ativos territoriais dos mais pobres, que é parte da acumulação do capital em novas bases. Sediar megaeventos esportivos é apenas um momento dessa lógica mais ampla. E, não à toa, essa é uma das razões para explicar a disputa entre cidades e a enorme mobilização de atores econômicos pela atração dos eventos internacionais.

2. SEVCENKO, Nicolau. *A revolta da vacina*. São Paulo: CosacNaify, 2010.

3. AZEVEDO, Aluísio. *O cortiço*. São Paulo: Ática, 2002.

Ambas as dimensões mostram uma ligação forte entre a promoção de megaeventos e a instauração de uma política urbana que vem sendo tomada por uma lógica neoliberal. Uma política que deixa de ser orientada para a satisfação das melhores condições de vida das pessoas, para a efetivação de direitos e para a distribuição do espaço urbano com maior justiça, para se orientar à maximização de lucros. Já parecem estar definidos de antemão quem ganha e quem perde com essa conjunção. Mas a segunda parte do livro é dedicada a mostrar que esses processos não são inexoráveis. São antes acompanhados de muita luta, resistência e de conquistas que, ainda que possam ser lidas como pequenas e pontuais, não deixam de ter enorme importância.

Além da escala do município e do próprio projeto, o livro também apresenta uma terceira escala — talvez a mais importante de todas. Trata-se da transformação urbanística sob a égide do neoliberalismo financeirizado como um processo vivido. São pessoas que vivem essas políticas no próprio corpo, na própria história. Algumas ficam doentes e sucumbem à violência dos processos de despossessão, outras se conformam e rearranjam suas vidas, outras ainda resistem. E quando encontram um dossiê, um relato, uma tese que ressoa e amplifica o que estão passando, sentem-se, no mínimo, menos sozinhas.

Por essas razões, o trabalho do Lucas e da Lena é importante tanto para fortalecer o ativismo contrário às decisões arbitrárias e às políticas injustas associadas aos megaeventos quanto para a compreensão da nova dinâmica urbana em que estamos inseridos. É um dos melhores exemplos de que a pesquisa de qualidade e com o *timing* certo pode ajudar não só a entender melhor a realidade, mas também a transformá-la.

RAQUEL ROLNIK

PROFESSORA DA FACULDADE DE ARQUITETURA E URBANISMO DA UNIVERSIDADE DE SÃO PAULO, FOI RELATORA DAS NAÇÕES UNIDAS PARA O DIREITO À MORADIA ADEQUADA ENTRE 2008 E 2014.

SKY
Rioja

Apresentação

A CIDADE DO RIO DE JANEIRO é "campeã olímpica" em preços de imóveis no país nesta década[4]. O vertiginoso processo de valorização imobiliária no município nos últimos anos foi sustentado, sobretudo, pelas obras voltadas para o processo de reestruturação urbana em curso e expectativas que envolvem um conjunto de eventos, sendo os principais deles a Copa do Mundo de 2014 e os Jogos Olímpicos de 2016.

As pesquisas e levantamentos sobre a dinâmica urbana no Rio de Janeiro refletem algumas particularidades sobre o processo da produção capitalista do espaço e como se acentua, principalmente na atual gestão municipal (iniciada em 2009), a perspectiva de reafirmação da cidade voltada para o mercado, em detrimento dos direitos dos cidadãos. Nesse processo, aqueles que perdem suas casas para a valorização do território não usufruem dos supostos benefícios que ela origina. Pelo contrário, são marginalizados diante da reorganização da ocupação e apropriação do espaço urbano.

Este livro pretende estabelecer algumas relações entre ações de urbanização, projetos políticos e os processos de intervenção no território. Nossa proposta é relatar as possíveis relações entre desapropriações, remoções, novos empreendimentos habitacionais, políticas públicas de segurança, grandes projetos de equipamentos públicos, esportivos e de mobilidade urbana, com o processo de produção e agregação de valor sobre a terra baseado na exclusão e eliminação de uma parcela da população dessas localidades. Ou seja, investigar o papel do Estado e dos outros agentes sociais e econômicos na construção desses novos empreendimentos na cidade do Rio de Janeiro.

4. De acordo com o índice FipeZap (janeiro de 2014), o Rio de Janeiro possui o metro quadrado mais caro do país, com valor médio de R$ 10.250. O levantamento "Panorama do mercado imobiliário do Rio de Janeiro" (SECOVRIO, 2012) demonstra que após uma valorização imobiliária sem precedentes, de 2001 a 2010, quando os preços de imóveis residenciais e comerciais chegaram a subir 400% e 700%, respectivamente, o ano de 2011 foi marcado pela estabilização dos preços, porém, com tendência de crescimento. Segundo o relatório, contribui também para a expansão do setor imobiliário e agregação de valor aos imóveis a "implantação das Unidades de Polícia Pacificadora (UPPs) nas favelas da cidade, e de infraestrutura, com obras e investimentos nos setores de transporte e saneamento, [...] que preparam a cidade do Rio para a Copa do Mundo de 2014 e as Olimpíadas de 2016".

Para isso contamos com duas partes complementares. A primeira faz uma análise, observando as leis e decretos produzidos entre janeiro de 2009 e maio de 2012. Ela apresenta um conjunto de atos que acabaram servindo de arcabouço legal às ações mais repressivas da prefeitura nos últimos anos. Dentre a legislação analisada, a quantidade de decretos desapropriatórios chama a atenção. No entanto, somados todos os processos de desapropriação, essas ações não representam a totalidade de famílias que teve que sair de suas casas conforme denunciado pelas entidades da sociedade civil organizada. Os dados sobre as remoções de famílias que não têm propriedade da terra foram coletados através de relatos e dossiês organizados pelos movimentos sociais, mas principalmente por meio de informações da Gerência de Terras e Reassentamento da Secretaria Municipal de Habitação, que não são de fácil acesso.

Ainda nessa primeira parte apresentamos como se dão os processos de remoções e a lógica espacial dessas alterações urbanísticas que relegam aos removidos as regiões mais periféricas da cidade. Desde janeiro de 2009 até dezembro de 2013, mais de 20 mil famílias[5] já foram removidas de suas casas. Por onde quer que se ande nas favelas parcialmente ou totalmente removidas, nas que estão sob o cerco da prefeitura municipal, tudo se parece. Andando entre escombros de uma disputa desigual, de um lado, o poder público e a iniciativa privada, e de outro, os moradores dessas áreas, os entulhos de casas demolidas marcam um cenário de devastação. O que vemos são bombardeios psicológicos, burocráticos, com seus decretos inconstitucionais e desapropriatórios, ordens judiciais tantas vezes duvidosas, e tentativas de dividir o coletivo, com promessas indenizatórias individualizadas de uma vida nova em construções do programa Minha Casa Minha Vida (MCMV). Apresentado como uma promessa de inclusão social por meio de moradia adequada, o programa federal de habitação se tornou, especialmente no Rio de Janeiro, instrumento de segregação espacial.

As recentes realizações do governo Eduardo Paes (2009-2012), em articulação com os governos federal e estadual, vêm reforçando o padrão centro-periferia como resultado de uma série de políticas, programas e intervenções estruturantes, como buscaremos demonstrar. Tais realiza-

5. Segundo dados fornecidos pela Assessoria de Comunicação Social da SMH, o número total de famílias removidas no período entre janeiro de 2009 e dezembro de 2013 é de 20.299. Reconhecemos este número para uma quantificação absoluta; no entanto, para fazermos uma análise mais detalhada do processo de remoções, usamos como base os dados anteriores obtidos por meio da Gerência de Terras e Reassentamento da SMH em abril de 2012, que identificam, localizam e discriminam as razões dos despejos.

ções, de forma sistemática, têm submetido uma parcela da população aos dolorosos processos de deslocamentos compulsórios, resultantes de desapropriações e de remoções, como as realizadas para a construção dos corredores viários chamados *Bus Rapid Transit* (BRTs) e para a implantação do projeto do Porto Maravilha.

A segunda parte deste livro pretende mostrar como esses dados interferem diretamente na vida de milhares de pessoas, através de relatos e entrevistas com moradores removidos, que contam suas situações particulares, e também com integrantes dos movimentos pela moradia na cidade. Casos emblemáticos das situações mais comuns estão registrados em depoimentos coletados durante os meses de janeiro a março de 2014. Maria de Lourdes, do Movimento Nacional de Luta pela Moradia (MNLM) e do Conselho Nacional do Ministério das Cidades, por exemplo, relata que a remoção dos trabalhadores para a Zona Oeste da cidade tem uma motivação clara: a expulsão dos mais pobres para as áreas mais distantes da cidade.

A peculiaridade desse momento de reestruturação urbana aparece no depoimento do primeiro morador da Vila Autódromo, Steliano Francisco. Ele afirma que a última investida da prefeitura para remover a comunidade é a mais pesada de todas que já sofreu desde que se instalou lá. Aqueles que aceitaram as condições da prefeitura, como os moradores da Estradinha Botafogo, na Zona Sul, que receberam o apartamento do Minha Casa Minha Vida em Santa Cruz, contam sobre as dificuldades da remoção. Alguns tentam voltar para o local da antiga residência, por conta dos 70 quilômetros que agora os separam do lugar onde passaram boa parte da vida.

Tanto a primeira parte do livro quanto os relatos colocam a discussão sobre a relação centro-periferia. Ela envolve elementos analíticos que fundamentam e definem o paradigma do padrão periférico na dinâmica da organização metropolitana. O par centro-periferia, conceito utilizado para entender o processo de expansão da estrutura interna das metrópoles, caracteriza-se pela existência de um movimento de expulsão e atração envolvendo processos seletivos na definição do acesso ou permanência no núcleo.

A periferização, processo de segregação e diferenciação social e/ou geográfica, tem motivações econômicas, políticas e culturais. Por isso, a dinâmica de crescimento periférico é lida a partir de dois tipos de perspectivas analíticas: como a projeção, ao nível do espaço, do processo de acumulação, e como modelo de representação da hierarquia social vigente na sociedade brasileira. De maneira geral, a intervenção seletiva do Estado na alocação dos investimentos urbanos é tomada como mecanismo especial do padrão periférico de crescimento, embora muitos analistas façam alusão à importância dos agentes dos mercados fundiário e imobiliário e suas respectivas práticas.

A contínua expansão das cidades, com criação de novos núcleos e centralidades, típicos da geografia das grandes cidades capitalistas desde o século XIX, vem sendo substituída por um processo ao mesmo tempo descentralizador e recentralizador, em que simultaneamente se observa tanto a ascensão da periferia para os pobres quanto o reinvestimento no "renascimento do centro da cidade".

Mas não é só mediante a ação repressora do Estado que a periferização ganha força no Rio de Janeiro. Uma vez que os investimentos se voltaram para áreas centrais da cidade que antes estavam à margem dos interesses políticos e imobiliários, como determinadas favelas e a zona portuária, a população que ali reside sofre uma enorme pressão do próprio mercado para a sua saída. A chamada "remoção branca", derivada do processo de gentrificação, é uma realidade em favelas como Santa Marta, Cantagalo e Vidigal, dentre diversas na Zona Sul. Essas comunidades, como outras tantas, estão se transformando em objeto de desejo da classe média e de estrangeiros. O perfil desses lugares hoje é totalmente diferente daquele de quatro anos atrás.

Nesse contexto, os moradores originais acabam por se tornar "pessoas fora do lugar". Se, de um lado, existem dificuldades de regularização fundiária nas comunidades, o que não ocorre para os novos investidores e habitantes, do outro, a valorização, que pode parecer positiva para aqueles que possuem o título de propriedade dos terrenos de suas casas, inviabiliza a vida de quem paga aluguel, cujo valor nos últimos dois anos subiu acima de 50%, segundo levantamento do Centro de Políticas Sociais da Fundação Getúlio Vargas (2011).

O projeto de cidade excludente, embora afete as favelas de maneira mais brutal, tem ampliado o espectro de vulnerabilidade e suscetibilidade ao deslocamento também para as famílias de outros territórios e níveis de renda devido à explosão dos preços imobiliários. "Gentrificar" ou ser "gentrificado" não é uma escolha como nos tentam colocar. Faz parte de uma política.

É sobre essa política que este livro se debruça. Ele é resultado da análise das múltiplas remoções ocorridas no Rio de Janeiro nos últimos anos. Com ele pretendemos mais do que dar visibilidade ao tema, mostrar como têm se dado esses processos e como a população tem sofrido com suas consequências.

TEM

MORADOR

RIO, CIDADE NEOLIBERAL

SE VIVEMOS EM UM MODELO socioeconômico neoliberal, as cidades enquanto expressão espacial desse sistema não são diferentes. Em um contexto de globalização, as ditas nações em desenvolvimento permanecem se submetendo às diretrizes do Consenso de Washington para supostamente garantirem sua inserção no mercado global através do fomento das instituições financeiras internacionais, como o Banco Interamericano de Desenvolvimento (BID), o Banco Mundial (BIRD), a Organização para Cooperação e Desenvolvimento Econômico (OCDE) e o Fundo Monetário Internacional (FMI).

Essas mesmas instituições atuam não somente através de aportes financeiros, mas talvez seu lado mais exitoso seja a criação de conceitos que são assimilados como premissas pelos gestores públicos e pela população. Conceitos travestidos de noções técnicas que esvaziam a participação e a discussão pública e planejam o espaço urbano, ferindo direitos em nome do progresso, sobrepondo o interesse privado ao público. Como aponta Aloysio Biondi,

> os Estados não foram diminuídos como fez crer o ideário neoliberal, mas adaptaram-se às exigências das grandes corporações e do capital financeiro. Enfraqueceram-se apenas em relação às políticas sociais. Naquilo que interessa às grandes corporações e ao capital financeiro, os Estados foram fortalecidos com a ajuda midiática (apud Maricato, 2009, p. 5).

É nesse sentido que a Prefeitura do Rio de Janeiro vem, desde a década de 1990, implantando uma série de projetos com auxílio e consultoria desses órgãos internacionais. No que se refere à saúde, à educação e à gestão dos espaços públicos, são antigos os planos do poder municipal de efetivar as parcerias com o setor privado com a justificativa de tornar os serviços à população mais eficientes.

Em 2004 foi aprovada a Lei Federal nº 11.079/04 que disciplina para todo o território nacional as parcerias público-privadas ou concessões de serviços públicos que envolvam contraprestação pecuniária do Estado. No entanto, é a partir de 2009 que essa forma de produzir a cidade é consolidada devido à quantidade de aportes financeiros no Rio de Janeiro. Foi nesse ano que a prefeitura criou o Programa Municipal de Parcerias Público-Privadas (PROPAR-RIO[6]), colocando essa modalidade de gestão compartilhada como possibilidade de solução para a educação, a cultura, a saúde, a assistência social, os transportes públicos, as rodovias, portos e aeroportos, o saneamento básico, a energia, a habitação, a urbanização, o meio ambiente, o esporte, o lazer e o turismo.

Inspirado na agência inglesa *Think London* e na colombiana *Invest Bogotá*, tidas como instrumentos para apresentar a imagem de "cidade moderna" inserida no mercado global, a prefeitura municipal criou a Agência Rio-Negócios[7], que apoia os empresários interessados em investir na cidade. Com base nos projetos apresentados pela iniciativa privada, a agência auxilia o potencial investidor a entender como funcionam as leis de incentivo vigentes no município, além de incentivar sua aproximação com dirigentes políticos e com a imprensa.

Contudo, um dos maiores avanços dessa política privatista foi a aprovação da operação urbana consorciada e a criação da Companhia de Desenvolvimento Urbano da Região do Porto (CDURP)[8] em novembro de 2009. A CDURP foi criada para gerir as intervenções naquela área e leiloar os bens públicos, entregando a administração de serviços básicos da zona portuária a um consórcio (Porto Novo) composto pelas empreiteiras Odebrecht, OAS e Carioca Engenharia, que em sua visão estratégica anuncia o desejo de transformar, até dezembro de 2016, a Área de Especial Interesse Urbanístico (AEIU) no local mais qualificado em infraestrutura e serviços do Rio de Janeiro para trabalho, investimento, moradia e entretenimento[9].

6. Lei Complementar nº 105, de 22 de dezembro de 2009.

7. Decreto nº 31.182, de 5 de outubro de 2009.

8. Lei Complementar nº 102, de 23 de novembro de 2009.

9. Cf. http://www.portonovosa.com/pt-br/sobre-a-concessionaria.

Apesar do discurso social do empresariado, esse processo acaba levando as cidades a se submeterem "*à disciplina e à lógica do desenvolvimento capitalista*" (Harvey, 1996, p. 56). O Estado mínimo dos discursos neoliberais, na realidade, trata-se de um Estado cada vez mais atuante para garantir a viabilidade e o retorno dos investimentos por parte das corporações privadas, como indica Ascher, estudando o caso de Londres:

> Na verdade, não se tratava de abandonar toda intervenção pública e, sim, de fazer com que ela dependesse das exigências dos atores privados. O governo britânico promoveu, então, uma orientação do planejamento urbano como meio de acompanhamento do desenvolvimento urbano 'espontâneo', encarregada de criar condições que permitissem a intervenção dos atores privados onde eles ainda o desejassem e de atuar onde a lógica privada não pudesse resolver sozinha um problema de organização de infraestrutura (1994, p. 86).

Seguindo essa lógica, da busca do desenvolvimento econômico em um mundo globalizado, as cidades, assim como as empresas, também devem competir por investimentos. "Cidade competitiva" é uma das expressões em voga lançadas pelas agências multilaterais — Banco Mundial, Banco Interamericano de Desenvolvimento, Programa das Nações Unidas para o Desenvolvimento —, bem como pelos consultores internacionais, desde os anos 1990[10].

De acordo com o apresentado pelas instituições, os autores e consultores catalães Castells e Borja afirmam que

> O governo local deve promover a cidade para o exterior, desenvolvendo uma imagem forte e positiva apoiada numa oferta de infraestruturas e de serviços (comunicações, serviços econômicos, oferta cultural, segurança etc.) que exerça a atração de investidores, visitantes e usuários solventes à cidade e que facilite suas 'exportações' (de bens e serviços, de seus profissionais etc.) (1996 apud Vainer, 2002, p. 80).

10. Segundo Vainer (2011), documento do Banco Mundial sugere que as cidades devem: competir pelo investimento de capital, tecnologia e capacidade empresarial; competir para atrair novas indústrias e negócios; ser competitivas nos preços e qualidades dos serviços; competir para atrair mão de obra qualificada.

O PAPEL DO PLANEJAMENTO ESTRATÉGICO

A ideia de construção de um Rio de Janeiro moderno e competitivo não é recente. Desde 1993, com o prefeito Cesar Maia, assistimos ao empenho dos sucessivos governos municipais em acatar as orientações externas para incluir o Rio nos espaços da globalização. Seja na implementação de projetos de intervenções prediais e urbanísticas e nas "necessárias" alterações da legislação urbanística para viabilizá-los, seja nas reformas das estruturas institucionais criadas para concretizar uma gestão livre das amarras do Estado.

No viés tecnicista de gestão das cidades, o planejamento estratégico ganha força como instrumento que viabiliza uma série de intenções pretendidas pelo poder econômico, como forma de coesão entre esses diversos projetos. Os planos são difundidos pela América Latina através das instituições internacionais, apresentados como estudos neutros, de caráter científico, importados e formulados através de modelos externos, baseados principalmente no "sucesso" de Barcelona do final do século XX.

Ultimamente os projetos urbanos e de segurança colombianos também se tornaram referência. Se alguns poderiam pensar que o caso catalão não se repetiria no Brasil por suas diferenças econômicas e culturais, os exemplos de Medellín e Bogotá começaram a aparecer como modelos a serem seguidos pelos países periféricos como uma espécie de solução para todos os problemas urbanos, sendo ignorados os juízos contraditórios e as peculiaridades locais. As intervenções sobre as favelas são as mais difundidas, desde a ocupação militar permanente nesses territórios até a implantação de teleféricos. Entretanto, há uma série de outros projetos e tecnologias que é igualmente vendida por consultorias internacionais[11], como as soluções de mobilidade urbana e de requalificação de certos fragmentos das cidades.

Ao longo das gestões municipais desde os anos 1990, os planos estratégicos para a cidade do Rio de Janeiro apresentam sempre uma lógica semelhante e por vezes os mesmos projetos, embora com nomes diferenciados. Após uma análise comparativa entre os planos estratégicos da cidade elaborados em 1995 e 2012, podemos perceber que os princípios e as retóricas são muito semelhantes; estratégias e projetos para atingir as

11. A EMBARQ Brasil auxilia governos e empresas no desenvolvimento e implantação de soluções para os problemas de transporte e mobilidade nas cidades brasileiras. Criada em 2005, integra a rede EMBARQ, que tem sede em Washington, nos EUA, dentro do WRI (World Resources Institute), onde foi fundada em 2002. A EMBARQ Brasil desenvolveu o *BRT Simulator*, que ajudou a trazer para o Rio de Janeiro a sede dos Jogos Olímpicos de 2016, ao provar para o Comitê Olímpico Internacional que os sistemas BRT projetados teriam capacidade de transportar o público que o evento atrairá para a cidade.

metas por vezes repetem a mesma reflexão sobre o espaço urbano, mesmo após 17 anos. Curioso perceber que ambos os documentos apresentam como norte uma cidade olímpica (no caso do plano de 1995, a cidade era ainda candidata a receber as competições em 2004).

Dentre os objetivos e estratégias do plano de 1995 destaca-se o anseio por um Rio como polo internacional competitivo, capaz de atrair recursos, refletindo a lógica de um mercado de cidades, em que umas "ganham" em detrimento das demais. Uma competição entre aquelas que oferecem mais condições estruturais para as grandes corporações expandirem seus capitais.

Baseados nessa lógica competitiva como estratégia de planejar a cidade, determinados projetos foram, em 1995 e em 2012, anunciados para atingir esses fins, dentre eles, o de requalificação da área portuária através de uma entidade gestora autônoma e a criação de um corredor viário entre os bairros da Barra da Tijuca e Penha (antes chamado de corredor T5, atualmente Transcarioca).

A remoção de comunidades se faz também pela inviabilização econômica dos moradores tradicionais com a alta de taxas de serviço, como água e luz. Mais sobre esse tema na entrevista com Maria de Lourdes Lopes, do Movimento Nacional de Luta pela Moradia (MNLM).

Os planos também se caracterizam por apresentar, além de grandes soluções de infraestrutura, determinados projetos de viés "social", na tentativa de introduzir certa camada nessa rede de consumidores/cidadãos. Antes o programa que concentrava esse objetivo chamava-se Favela-Bairro, hoje, Morar Carioca. Por outro lado, as intervenções em áreas de assentamentos precários, baseadas no discurso de inclusão das famílias na cidade formal, acabam também excluindo uma grande parte da população dessas localidades ao levar uma valorização imobiliária semelhante ao mercado formal do restante da cidade.

> Ao nível local, o 'plano estratégico', já mencionado, cumpre um mesmo papel de desregular, privatizar, fragmentar, e dar ao mercado um espaço absoluto. Ele reforça a ideia da cidade autônoma, a qual necessita instrumentar-se para competir com as demais na disputa por investimentos, tornando-se uma 'máquina urbana de produzir renda' (Arantes, 2000 apud Maricato, 2009, p. 15).

Compreendendo o planejamento urbano como trabalho de elaboração técnica e política, o papel dos conselhos municipais de participação civil na sua formulação foi esvaziado, uma vez que esses espaços carregariam um caráter ideológico, dando lugar ao plano estratégico "livre" de estigmas político-partidários. Todavia, no intuito de caracterizar e legitimar uma participação da sociedade civil na concepção do plano estratégico de 2012, a prefeitura criou um Conselho da Cidade composto por uma série de "figuras notáveis" da sociedade carioca. Nesse conselho, que mais funciona como uma peça publicitária, estão presentes parlamentares, artistas, jornalistas, empresários de diversos setores, autoridades esportivas, dentre outras categorias, todos indicados pela própria prefeitura.

A constituição do Conselho da Cidade ajuda a entender a quem o poder público dá o direito de pensar a cidade, o que explica muitas das decisões e prioridades da gestão Eduardo Paes. O colegiado é formado por 150 cidadãos que foram selecionados, segundo a prefeitura, "por sua reconhecida contribuição pessoal ou profissional, assim como sua dedicação e identificação com a cidade do Rio de Janeiro". Mas o curioso é que entre artistas e estilistas, arquitetos e decoradores, empresários da noite e representantes da indústria naval, médicos e presidentes de times de futebol, encontram-se representantes dos setores que têm interesse direto nos projetos e empreendimentos que transformaram a cidade em um imenso canteiro de obras.

Além de Regina Casé e Luciano Huck (apresentadores da TV Globo), Armínio Fraga (ex-presidente do Banco Central) e Carlos Arthur Nuzman (presidente do Comitê Olímpico Brasileiro), estão entre os conselheiros da cidade Nelma Tavares, do grupo Invepar, integrante do consórcio que constrói a BRT Transolímpica; Guilherme Laager, consultor da Delta, construtora que teve que se retirar dos consórcios de que participava após ser apontada pela Polícia Federal como integrante do esquema do contraventor Carlinhos Cachoeira; Carlos Carvalho, da construtora Carvalho Hosken, maior proprietária de terrenos na Zona Oeste e participante do consórcio Parque Olímpico; Rogério Chor, da construtora CHL, cuja sede corporativa ocupará área na zona portuária; Philip Carruthers, dirigente do grupo Orient-Express Hotels no Brasil; e José Luiz Alquéres, presidente da Alstom no Brasil, multinacional francesa que fornece trens para o metrô e para o VLT da região do porto do Rio e sob suspeita de formação de cartel em licitações de trens e metrôs em cinco estados, incluindo o Rio de Janeiro.

O Conselho da Cidade, sob esta conformação descrita acima, é colocado como fiador das políticas públicas a serem implementadas pela prefeitura descritas nas metas do seu plano estratégico para 2016. Essas metas devem ser perseguidas por servidores e agentes terceirizados, que recebem bonificações de acordo com o seu desempenho no cumprimento delas. No caso da Secretaria Municipal de Habitação, por exemplo, seus funcionários buscam atender o objetivo de redução em 5% da área favelizada da cidade, tratando das questões ligadas a esses assentamentos como questão paisagística ou ambiental. Nesse processo, a avaliação das áreas é feita por medições em foto aérea, não importando as razões pelas quais aquela zona sofreu desocupação. A usurpação dos direitos de uma camada da população é transformada em benefícios financeiros para aqueles que operam as mãos do Estado, transformando-o em um agente ainda mais truculento.

Foi em meio a esse contexto que, em 2010, a SMH anunciava:

PREFEITURA REMOVERÁ 119 FAVELAS ATÉ O FIM DE 2012

A Secretaria Municipal de Habitação já relacionou 119 favelas que serão removidas integralmente pela prefeitura até o fim de 2012, por estarem em locais de risco de deslizamento ou inundação, de proteção ambiental ou destinados a logradouros públicos. Com pelo menos 12.196 domicílios, essas comunidades ocupam 2,34 milhões de metros quadrados — uma área maior do que o bairro do Leblon. O secretário Jorge Bittar informou que trechos não urbanizáveis de outras favelas, que ainda estão sendo levantados, também serão desocupados. Entre as favelas que vão desaparecer estão a do Horto (Jardim Botânico), a Indiana (Tijuca), a da CCPL (Benfica), a do Metrô (Maracanã), a Vila Autódromo (Barra) e a Vila Taboinhas (Vargem Grande). É o caso também da pequena Matinha, num trecho de floresta atrás do CIEP Ayrton Senna e na vizinhança da Rocinha.[12]

Dois anos mais tarde:

ESPECIALISTAS AFIRMAM QUE PLANO ESTRATÉGICO PARA 2016 É AMBICIOSO

Entre as metas estão, por exemplo, a redução em 5% da área ocupada por favelas. Os 3,5% previstos no plano anterior (2009-2012) foram alcançados, segundo o governo.[13]

12. Jornal O Globo, 07 de janeiro de 2010. Disponível em: http://oglobo.globo.com/rio/prefeitura-removera-119-favelas-ate-fim-de-2012-3072053.

13. Jornal O Globo, 17 de abril de 2012. Disponível em: http://oglobo.globo.com/rio/especialistas-afirmam-que-plano-estrategico-para-2016-ambicioso-4674996.

RIO, CIDADE DOS CONSENSOS

O ANO DE 2009 MARCOU o surgimento de um ideário político no Rio de Janeiro que se propunha consensual e que permitiria a execução de projetos que há décadas os administradores pretendiam concretizar na cidade. Esse momento se apresentava como o mais favorável à sua execução devido à construção de uma conjuntura política e econômica mais estável, que segundo Ascher, são pressupostos básicos para a implantação dessas intervenções. Como ele aponta, "o novo modo de planejar constitui oportunidade para um projeto consensual que transcenda um pouco o campo das filiações político-partidárias e que possa garantir aos investidores a permanência de certas escolhas" (1994, p. 91).

Nesse sentido, o dito e aplaudido alinhamento entre as três esferas de poder (municipal, estadual e federal) e uma união suprapartidária são apresentados como condição básica para a garantia de investimentos públicos ou privados na cidade. A aliança nacional entre o Partido dos Trabalhadores (PT), representado pela figura do então presidente Luiz Inácio Lula da Silva, e o Partido do Movimento Democrático Brasileiro (PMDB), com o governador Sérgio Cabral e o prefeito Eduardo Paes, refletiu-se na grande base de apoio político da prefeitura, condição que aparece como premissa para os investimentos na cidade.

Para que de fato o cenário de investimento se concretizasse, era necessário que as alianças extrapolassem a esfera político-partidária e incluíssem o setor privado, com as empresas que produzem de fato o espaço construído da cidade. Analisando as doações de campanha do então pretendente ao cargo de prefeito, Eduardo Paes, fica evidente a importância dos setores financeiros, imobiliários, da construção civil e industrial para a viabilização de sua candidatura. Em 2008, Eduardo Paes obteve financiamento muito superior ao de seus concorrentes, algo em torno de R$ 11 milhões, tendo como seus principais investidores EIT (empreiteira), com R$ 1 milhão; Eike Batista, com R$ 500 mil; OAS (empreiteira), com R$ 350 mil; Banco Itaú, com R$ 300 mil; Carioca (empreiteira), com R$ 300 mil; Financilar (financiamento imobiliário), com R$ 280 mil; Gerdau (metalurgia), com R$ 200 mil; e Rossi (imobiliária), com R$ 200 mil, dentre outros[14].

Nas eleições seguintes, Paes foi reeleito com grande margem de votos, e novamente com um financiamento de campanha muito superior ao de seus adversários, denotando claramente a satisfação de seus investidores. Mais de 60% das doações dirigidas à sua candidatura e ao diretório municipal do PMDB são provenientes de empresas que atuam no mercado imobiliário. Em prestações de campanha, aparecem como principais doadores as empresas com contratos bilionários para gestão de serviços públicos e grandes obras da prefeitura, entre elas Carvalho Hosken (Parque Olímpico), Cyrela (Campo de Golfe) e OAS (Porto Maravilha, Transolímpica e Transcarioca).

Com a intenção de retratar uma cidade unida em prol do progresso, a supercoligação partidária e econômica se intitulou como "Somos um Rio" e foi vencedora com grande apoio nas urnas. Em sua análise, Vainer registra que "sem consenso não há qualquer possibilidade de estratégias vitoriosas. O plano estratégico supõe, exige, depende de que a cidade esteja unificada, toda, sem brechas, em torno do projeto" (2001, p. 91). É o que demonstra a campanha vultuosa e vitoriosa do prefeito.

A construção desses consensos segue uma lógica semelhante em qualquer cidade do mundo, o que possibilita as grandes intervenções. É o que apontam incentivadores desse processo, como Castells e Borja:

> Em todas as cidades, o projeto de transformação urbana é a somatória de três fatores: a) a sensação de crise aguda pela conscientização da globalização da economia; b) a negociação entre os atores urbanos, públicos e privados e a geração de liderança local (política e cívica); c) a vontade conjunta e o consenso público para que a cidade dê um salto adiante, tanto do ponto de vista físico como econômico, social e cultural (1996, p. 156).

14. FONTE: Relatório das eleições 2008, Tribunal Superior Eleitoral.

PRINCIPAIS FINANCIADORES DO PMDB NA CAMPANHA MUNICIPAL DE 2012[15]

DOADOR	VALOR R$
CARVALHO HOSKEN S.A. ENGENHARIA E CONSTRUÇÕES	R$ 650.000,00
OAS S.A.	R$ 500.000,00
CYRELA MONZA EMPREENDIMENTOS IMOBILIÁRIOS LTDA.	R$ 500.000,00
ITAU UNIBANCO S.A.	R$ 500.000,00
MPH EMPREENDIMENTO IMOBILIÁRIO LTDA.	R$ 500.000,00
MULTIPLAN EMPREENDIMENTOS IMOBILIÁRIOS S.A.	R$ 500.000,00
EMCCAMP RESIDENCIAL S.A.	R$ 400.000,00
COMPANHIA DE BEBIDAS DAS AMÉRICAS - AMBEV	R$ 347.000,00
ARCOENGE LTDA.	R$ 300.000,00
CRBS S.A.	R$ 300.000,00
PRIMO SCHINCARIOL S.A.	R$ 250.000,00
BROOKFIELD RJ EMPREENDIMENTOS IMOBOBILIÁRIOS S.A.	R$ 200.000,00
COESA ENGENHARIA LTDA.	R$ 200.000,00
CADIZ EMPREENDIMENTOS E PARTICIPAÇÕES LTDA.	R$ 200.000,00
CASA & VÍDEO RIO DE JANEIRO S.A.	R$ 200.000,00
CLÍNICA MÉDICO-CIRÚRGICA BOTAFOGO S.A.	R$ 200.000,00
GERDAU COMERCIAL DE AÇOS S.A.	R$ 200.000,00
HOSPITAL PRÓ-CARDÍACO S.A.	R$ 200.000,00
PRESLAF - EMPRESA DE SERVIÇOS HOSPITALARES LTDA.	R$ 200.000,00
PRS INCORPORADORA LTDA.	R$ 200.000,00
RIO MINAS 10 EMPREENDIMENTOS LTDA.	R$ 200.000,00
CEMED CARE - EMPRESA DE ATENDIMENTO CLÍNICO EM GERAL LTDA.	R$ 150.000,00
EVEN CONSTRUTORA E INCORPORADORA S.A.	R$ 150.000,00
SERV-BABY HOSPITAL MATERNO-INFANTIL LTDA.	R$ 150.000,00
VAMARCO PARTICIPAÇÕES E EMPREENDIMENTOS LTDA.	R$ 150.000,00
CALÇADA EMPREENDIMENTOS IMOBILIÁRIOS S/A	R$ 110.000,00
G B ARMAZÉNS GERAIS LTDA.	R$ 100.000,00
IPIRANGA PRODUTOS DE PETRÓLEO S.A.	R$ 100.000,00
KLABIN S.A.	R$ 100.000,00
MÉIER MEDICAL CENTER LTDA.	R$ 100.000,00
MONTEIRO ARANHA S.A.	R$ 100.000,00
PANGEA EMPREENDIMENTOS S.A	R$ 100.000,00

15. FONTE: Tribunal Superior Eleitoral.

CONSTRUÇÃO DA CRISE

Segundo a publicação da municipalidade carioca, Rio-Gestão de Alto Desempenho[16], de 2012, a prefeitura passou as últimas décadas com o orçamento estrangulado e descuidou de áreas importantes, como os serviços de conservação da cidade. De acordo com o documento, essa conjunção de fatores afetou a autoestima do carioca. A população teria se habituado a conviver com a desordem.

Em 2006, uma pesquisa realizada pelo Instituto de Estudos do Trabalho e Sociedade (IETS) em parceria com a Macroplan mostrou que 63% da população acreditavam que o Rio estaria muito pior em 20 anos. Em outra pesquisa, encomendada em 2008 pela ONG Rio Como Vamos, 36% dos cariocas afirmaram não ter orgulho de morar no Rio de Janeiro, e 61% acreditavam que sua qualidade de vida havia piorado em relação ao ano anterior. Tal cenário impôs uma série de desafios à gestão da prefeitura iniciada em 2009[17].

O cenário de crise cria um ambiente propício a soluções que são apresentadas como um "mal necessário" e que se justificam por um futuro melhor para a cidade. Não é demais lembrar que desde a década de 1960 a ideia de crise no Rio de Janeiro estava muito associada à falta de investimentos devido ao esvaziamento político e econômico que tomou a cidade após a mudança da capital federal. Se isso foi capaz de afetar os "brios" dos cariocas inconformados com sua nova condição de menor destaque no cenário nacional, ao longo do tempo, essa depressão econômica e um processo de reafirmação da cidade excludente acabaram por agravar ainda mais a percepção de crise.

O elevado fluxo migratório para o Rio de Janeiro devido à sua importância política e cultural enquanto Distrito Federal e nos anos subsequentes acabou transformando o cenário urbano da cidade. As favelas, já existentes desde o princípio da República, começaram a crescer e se multiplicar em consequência da ausência de políticas públicas que fossem além da repressão.

As favelas e seus habitantes representam historicamente uma cidade que deve ser combatida. Uma agressão ao meio ambiente e ao cenário carioca e, ao mesmo tempo, um empecilho para a valorização e progresso dessa sociedade.

16. Rio-Gestão de Alto Desempenho, disponível em: www.conselhodacidade.com/v3/pdf/RioGestaoAltoDesempenho.pdf.

17. O Rio tem futuro!? Pesquisa qualitativa e de opinião — relatório preliminar (dezembro de 2006). Disponível em: http://www.macroplan.com.br/Documentos/MonitoramentoCenarioMacroplan2009102818438.pdf.

Como o carioca vê o Rio. Disponível em : http://www.riocomovamos.org.br/portal/content.php?cc=269&mn=3.

A ausência de uma política habitacional adequada dos governos, em todas as suas instâncias, para atender à demanda de moradias de uma parte considerável da população gerou um aumento constante das favelas por todo o país. Segundo dados do censo do IBGE, entre 2000 e 2010, o crescimento de residentes em assentamentos precários no Rio de Janeiro foi de 27,65%. A cidade contava com 1.020 aglomerados subnormais[18], representando cerca de 1,4 milhão de habitantes, ou 23,6% da população carioca.

Não é à toa, portanto, que esses espaços têm sido foco de uma série de intervenções. As Unidades de Polícia Pacificadora (UPPs) são colocadas nesse enredo como propulsoras das transformações nas favelas e de sua inserção no mercado. Através da ação repressora e disciplinadora, o Estado, com grande apoio da opinião pública, comunica ao mercado que aquela área também está aberta para sua atuação.

Sobre as ações governamentais, dentre as quais a instalação de UPPs, para remover ou disciplinar comunidades, valorizar áreas e abrir espaço para o mercado imobiliário, ver também a entrevista de Maria de Lourdes Lopes, do MNLM.

Como apontam Forn e Foxá (apud Vainer, 2002, p. 93), "se não há consciência de crise, dificilmente se pode encontrar um consenso público-privado operativo. Os desacordos sobre o imediato se impõem sobre o acordo de fundo". A segurança e redução da violência são elementos centrais na construção do cenário de crise que se abateu recentemente sobre o Rio de Janeiro.

Os elementos de propaganda públicos ou privados são fundamentais para a constituição das ideias de crise e posteriormente de consenso indicadas pelos autores. Promovem a sensação de pertencimento do cidadão àquele projeto de evolução da sua cidade, permitindo ao Estado atuar de forma autoritária, justificada por um propósito de bem comum, conforme analisa Vainer: "Uma vez conquistada a trégua social pelo sentimento generalizado de crise, a promoção sistemática e planejada do patriotismo de cidade constitui vetor estratégico da reprodução das condições da paz social no contexto da cidade-empresa e, agora também, da cidade-pátria" (2002, p. 95).

A propaganda e a promoção do patriotismo citado por Vainer podem ser executadas por peças publicitárias veiculadas nos meios de comunicação ou até através do próprio espaço da cidade. Os grandes projetos e eventos servem como uma espécie de *marketing* urbano para promover o orgulho por parte da população em pertencer a uma cidade que atingiu o caráter global, capaz de atrair investidores e os olhares de todo o mun-

18. "Aglomerado subnormal", segundo o IBGE, é o conjunto constituído por 51 ou mais unidades habitacionais caracterizadas por ausência de título de propriedade e pelo menos uma das seguintes características: irregularidade das vias de circulação e do tamanho e forma dos lotes, ou carência de serviços públicos essenciais (como coleta de lixo, rede de esgoto, rede de água, energia elétrica e iluminação pública).

do. As radicais transformações urbanas do Rio de Janeiro encontram um grande apoio popular na medida em que apareceram como fundamentais para preparar a cidade para o extenso calendário de eventos em poucos anos: Copa das Confederações 2013, Jornada Mundial da Juventude 2013, Copa do Mundo 2014, Jogos Olímpicos 2016, dentre outros.

Mas, contraditoriamente, os megaeventos, que ao mesmo tempo obtinham enorme aprovação no primeiro momento e aparecem como uma solução para muitos problemas da cidade, são exatamente as justificativas do Estado para cometer transgressões aos direitos dos cidadãos. Menos de uma semana depois do anúncio de que o Rio de Janeiro tinha sido escolhido sede oficial dos Jogos Olímpicos e Paralímpicos de 2016, uma matéria do jornal Folha de S. Paulo já anunciava essa realidade:

PLANO OLÍMPICO PARA RIO 2016 PREVÊ A REMOÇÃO DE FAVELAS

A realização dos jogos no Rio de Janeiro em 2016 prevê a remoção de mais de 3.500 famílias de seis favelas das zonas Oeste e Norte da cidade. A maior parte destas famílias está em Jacarepaguá, onde serão construídas diversas instalações para a Olimpíada. Os moradores serão reassentados para a ampliação de pistas que permitirá a implementação de projetos prometidos ao COI no setor de transporte [...].[19]

19. Jornal Folha de S. Paulo, 08 de outubro de 2009.

RIO, CIDADE DA EXCLUSÃO

A FORMA DE APROPRIAÇÃO do espaço pelas camadas de renda mais baixa da população ocorre de forma muito particular no Rio de Janeiro desde o aparecimento da primeira favela. Diferente de muitas outras cidades, onde aos pobres só cabiam a periferia geográfica, esses territórios cariocas foram surgindo principalmente nas encostas dos morros da região central e mais valorizada. Através da autoconstrução e próxima à oferta de empregos, a favela emerge como a principal alternativa de moradia popular.

Até a década de 1980 os assentamentos populares sequer apareciam nos mapas oficiais do município[20]. Logo, sem o devido reconhecimento por parte do poder público, as políticas a respeito dessas localidades eram a leniência quanto à forma de ocupação, sem nenhum acompanhamento técnico, ou simplesmente a sua total subtração.

Por estarem localizados muitas vezes em zonas de alta especulação imobiliária, os moradores desses assentamentos populares acabam disputando espaço com a população de classes média e alta que enxergam a presença da favela como uma ameaça. Como já assinalava Licia Valladares no estudo "Passe-se uma casa: o programa de remoção no Rio de Janeiro (1962-1975)", os aglomerados são percebidos pelo poder público "como um desequilíbrio quanto ao uso do solo" (1984: 198), representando um entrave diante dos programas de planejamento urbano.

Ontem, como hoje, a eliminação das favelas significa liberar terrenos e dispor de áreas para que se possa construir, urbanizar ou valorizar para a utilização futura (Valladares, 1984: 33). As atuais intervenções que o Rio de Janeiro tem enfrentado ilustram uma longa história de transformação do espaço

20. Essa omissão é compreensível. Apesar de existirem registros de favelas desde o início do século XX, até 1984 as favelas não eram reconhecidas *de jure*, ainda que existissem de fato. Consequentemente, elas estão ausentes de mapas, relatórios e documentos oficiais (exceção feita ao Plano Agache, de 1930), que insistem em negar a sua existência, talvez na esperança de que desapareçam por obra e arte do acaso. (Abreu; Vaz, IV ENANPUR, p. 481)

urbano, que tem como consequência a mudança do perfil físico e humano de áreas que se valorizam em função da ação do Estado e do interesse privado.

Altair Antunes Guimarães, presidente da Associação de Moradores, Pescadores e Amigos da Vila Autódromo (Ampava), relata em sua entrevista que sofreu sua primeira remoção na década de 1960, na Zona Sul do Rio, em uma favela que ficava às margens da Lagoa Rodrigo de Freitas.

No processo de apropriação do espaço urbano pelo capital ao longo da história da cidade, um fenômeno recorrente foi a expulsão das camadas socioeconomicamente mais vulneráveis dos territórios de maior valor de mercado. Foi assim com a caça aos cortiços da região central[21], com os incêndios das favelas da Zona Sul, dentre outras[22]. Nesta atual gestão municipal, essa política volta a apresentar destaque para uma suposta valorização da cidade, atingindo novas fronteiras de intervenção.

A comparação entre a atual administração e os governos de Pereira Passos (1902-1906) e Carlos Lacerda (1961-1965), que são frequentemente relembrados para representar esta política de remoções, é importante para a constatação de que a prefeitura de hoje foi capaz de desalojar mais habitantes que os demais citados, como demonstra o gráfico abaixo.

A fim de resgatar a estratégia de outras épocas, agora o governo precisava argumentar que as novas remoções da prefeitura seriam distintas das remoções do passado porque seriam realizadas com participação dos moradores e respeito aos seus direitos. O termo "remoções democráticas" foi cunhado em junho de 2010 por Adilson Pires (PT), à época líder do governo na Câmara dos Vereadores e atual vice-prefeito, para denominar o que seria essa prática municipal.

NÚMERO DE PESSOAS REMOVIDAS POR GESTÃO MUNICIPAL[23]

21. "Em 1906, com o término da administração de Passos, chegava ao fim a era das demolições. Naquele chuvoso 15 de novembro, quando Rodrigues Alves e seus auxiliares diretos inauguravam oficialmente a avenida Central, 1.681 habitações haviam sido derrubadas, quase 20 mil pessoas foram obrigadas a procurar nova moradia no curto espaço de quatro anos. As reformas do governo de Rodrigues Alves marcaram profundamente a vida no Rio de Janeiro" (Rocha, 1995, p. 69).

22. "Na mesma época, as remoções das favelas prosseguiram apressadamente como se segue (até junho, 1965; remoção total: T; parcial: P; família: F; sendo uma família, cerca de cinco pessoas): Vila da Penha (P, 180F); Bom Jesus (T, 510F); Vila do Vintém (P); Álvaro Ramos (T, 25F); Ponta do Caju (T, 30F); CCPL (T, 118F); Timbó (P, 104F); morro de São Carlos (P, 253F); Avenida Brasil (P, 15F); Moreninha (T, 35F); Querosene (P, 210F); morro dos Prazeres (P, 10F). Todas as precedentes em 1961. Pasmado (T, 911F); Getúlio Vargas (T, 113F); Maria Angu (T, 460F); João Cândido (T, 665F); Maneta (T, 41F); Conjunto São José (P, 20F); Vila do SASE (T, 11F); Macedo Sobrinho (P, 14F); Del Castilho (P, 9F); Marquês de São Vicente (P, 32F); Ladeira dos Funcionários (P, 8F), todas em 1964. Brás de Pina (P, 366F); Turano (P, 34F); Rio Joana (T, 23F); morro do Quieto (P, 46F); Praia do Pinto (P, 20F); favela do Esqueleto (2.027F, 800 das quais em 1961). Total de 6.290F ou cerca de 31.000 pessoas" (Leeds, 1978, p. 220).

23. Gráfico estimativo com dados coletados da SMH sobre o período 2009-2013 (Rocha, 1995, p. 69; Leeds, 1978, p. 20).

Nesse sentido, o então secretário de Habitação, Jorge Bittar, quando anunciava o plano de redução da área favelada da cidade, como colocado no plano estratégico municipal, fez a seguinte declaração:

> Não faremos remoções como no passado. O processo acontecerá sem traumas. Vamos oferecer alternativas às famílias que vivem em áreas de risco e insalubres. Além do [projeto] Minha Casa Minha Vida, elas podem optar por comprar imóveis usados ou indenização. Neste último caso, para voltar à terra natal.[24]

Seguindo esse raciocínio, o prefeito Eduardo Paes declarou na mesma semana:

> [...] a remoção não é a melhor opção no caso de comunidades já consolidadas. Mas o assunto não pode ser tratado como tabu, nem descartado completamente. Por isso, deve e merece ser discutido pela sociedade.[25]

A quebra do "tabu", com o auxílio indispensável da imprensa, foi o que possibilitou um dos períodos mais violentos da história das remoções no Rio de Janeiro. Em entrevista concedida em fevereiro de 2014[26], o secretário municipal de Habitação, Pierre Batista, admitiu que 20.299 famílias (cerca de 67 mil pessoas) sofreram deslocamentos compulsórios desde 2009, ou seja, mais de dez casas por dia de governo. Isso sem contar aqueles imóveis em áreas formais atingidos pelas obras de intervenção urbana que foram alvo de desapropriação.

O tema das remoções e desapropriações aparece como uma das maiores contradições desse processo de transformação do espaço urbano do Rio de Janeiro. Concebendo a habitação como um direito humano universal e social como o estabelecido pela Constituição brasileira, o Estado, justo aquele que deveria ser o seu garantidor de direitos, o vem desrespeitando sistematicamente.

Para qualificarmos esse processo, devemos compreender o sentido mais amplo do que se entende por habitação e direito à cidade. Segundo a relatoria das Nações Unidas para Moradia Adequada, o direito não deve se restringir ao espaço físico, devendo também incluir:

24. Jornal O Globo, 05 de dezembro de 2009.

25. Jornal O Globo, 12 abril de 2009.

26. Disponível em: http://contario.net/remocoes-etica-ou-cosmetica/.

- **SEGURANÇA DA POSSE:** Todas as pessoas têm o direito de morar sem o medo de sofrer remoção, ameaças indevidas ou inesperadas. As formas de se garantir essa segurança da posse são diversas e variam de acordo com o sistema jurídico e a cultura de cada país, região, cidade ou povo.

- **DISPONIBILIDADE DE SERVIÇOS, INFRAESTRUTURA E EQUIPAMENTOS PÚBLICOS:** A moradia deve ser conectada às redes de água, saneamento básico, gás e energia elétrica; em suas proximidades deve haver escolas, creches, postos de saúde, áreas de esporte e lazer e devem estar disponíveis serviços de transporte público, limpeza, coleta de lixo, entre outros.

- **CUSTO ACESSÍVEL:** O custo para a aquisição ou aluguel da moradia deve ser acessível, de modo que não comprometa o orçamento familiar e permita também o atendimento de outros direitos humanos, como o direito à alimentação, ao lazer etc. Da mesma forma, gastos com a manutenção da casa, como as despesas com luz, água e gás, também não podem ser muito onerosos.

- **HABITABILIDADE:** A moradia adequada tem que apresentar boas condições de proteção contra frio, calor, chuva, vento, umidade e, também, contra ameaças de incêndio, desmoronamento, inundação e qualquer outro fator que ponha em risco a saúde e a vida das pessoas. Além disso, o tamanho da moradia e a quantidade de cômodos (quartos e banheiros, principalmente) devem ser condizentes com o número de moradores. Espaços adequados para lavar roupas, armazenar e cozinhar alimentos também são importantes.

- **NÃO DISCRIMINAÇÃO E PRIORIZAÇÃO DE GRUPOS VULNERÁVEIS:** A moradia adequada deve ser acessível a grupos vulneráveis da sociedade, como idosos, mulheres, crianças, pessoas com deficiência, pessoas com HIV, vítimas de desastres naturais etc. As leis e políticas habitacionais devem priorizar o atendimento a esses grupos e levar em consideração suas necessidades especiais. Além disso, para realizar o direito à moradia adequada é fundamental que o direito à não discriminação seja garantido e respeitado.

- **LOCALIZAÇÃO ADEQUADA:** Para ser adequada, a moradia deve estar em local que ofereça oportunidades de desenvolvimento econômico, cultural e social. Ou seja, nas proximidades do local da moradia deve haver oferta de empregos e fontes de renda, meios de sobrevivência, rede de transporte público, supermercados, farmácias, correios e outras fontes de abastecimento básicas. A localização da moradia também deve permitir o acesso a bens ambientais, como terra e água, e a um meio ambiente equilibrado.
- **ADEQUAÇÃO CULTURAL:** A forma de construir a moradia e os materiais utilizados na construção devem expressar tanto a identidade quanto a diversidade cultural dos moradores e moradoras. Reformas e modernizações devem também respeitar as dimensões culturais da habitação.

Contudo, a Prefeitura do Rio de Janeiro tem desrespeitado estas diretrizes internacionais sistematicamente. Milhares de famílias estão sendo desapropriadas ou removidas de suas casas. Quando reassentadas, são levadas para locais distantes da sua habitação original e sem poder de escolha.

Desde 2005, movimentos sociais, militantes e acadêmicos, através do Comitê Social do Pan e posteriormente, do Comitê Popular da Copa e Olimpíadas, vêm pesquisando e denunciando essas práticas através de dossiês. Na busca de insumos que deem respaldo a essas contestações, os movimentos sociais se deparam com dificuldades em encontrar os dados a respeito desse processo. Os atos que instituem as desapropriações de fato podem ser considerados públicos, uma vez que qualquer ação da prefeitura nesse sentido deve estar amparada por um decreto municipal, que, por sua vez, deve ser publicado no Diário Oficial do Município. Já no que se refere às remoções, o método é menos transparente. O despejo em favelas não atenta ao direito da propriedade privada, logo, a prefeitura sequer deve dar publicidade a essas ações. Através de uma simples comunicação por ato normativo do órgão executor de uma obra à Secretaria de Habitação, o imóvel referido já estará sujeito à remoção sem direito a contestação por parte dos moradores.

No entanto, a pesquisa sobre a produção legislativa se revela bastante esclarecedora para compreendermos para quem o Rio de Janeiro é projetado. Na investigação sobre a produção da Câmara Municipal de Vereadores do

Rio de Janeiro entre os anos de 2009 e 2012[27], destacou-se para esta análise, além das desapropriações, a quantidade de leis e decretos que abordam os temas da flexibilização urbanística e o estímulo às parcerias público-privadas, ambos voltados para oferecer condições às grandes intervenções urbanas, desprezando os impactos sobre a vida das pessoas que habitam esse espaço.

DESAPROPRIAÇÕES

Dentre a legislação levantada, o elevado número de decretos desapropriatórios instiga a análise para compreender esse fenômeno. Importante ressaltar que esses instrumentos legais, em todos os casos, independentemente da razão para o ato, estão amparados em leis federais que atestam o interesse público na intervenção — por mais questionáveis que elas sejam.

DECRETO-LEI Nº 3.365, DE 21 DE JUNHO DE 1941, COM A REDAÇÃO QUE LHE DEU A LEI FEDERAL Nº 9.785, DE 29 DE JANEIRO DE 1999:

> Art. 5º Consideram-se casos de utilidade pública:
>
> i) a abertura, conservação e melhoramento de vias ou logradouros públicos; a execução de planos de urbanização; o parcelamento do solo, com ou sem edificação, para sua melhor utilização econômica, higiênica ou estética; a construção ou ampliação de distritos industriais;
>
> Art. 6º A declaração de utilidade pública far-se-á por decreto do Presidente da República, Governador, Interventor ou Prefeito.

Uma vez que o imóvel é considerado e decretado de utilidade pública, o Estado tem todas as condições legais de levar adiante a desapropriação por meio de indenização. Aquele cidadão que sequer pode participar da discussão sobre o projeto de intervenção, que está ameaçado de perder sua identidade socioterritorial, está sujeito ainda a não receber uma adequada compensação financeira, até por desconhecer seus próprios direitos. Segundo a Procuradoria Geral do Município, quando seu imóvel é apontado pelo poder público como objeto de desapropriação ou remoção, o cidadão não tem qualquer direito em contestar essa decisão[28]. No que se referem aos valores, as indenizações são negociadas de forma individual. Quem obtém maiores informações ou condições de uma assessoria jurídica adequada é ressarcido de forma diferenciada dos demais.

27. Pesquisa através do banco de dados do LABLEGAL - Laboratório de Pesquisas "A cidade e a lei", da Escola de Arquitetura e Urbanismo da Universidade Federal Fluminense, desenvolvido com apoio da FAPERJ e coordenado pela professora Cristina Nacif.

28. No *site* da Procuradoria Geral do Município (Disponível em: http://www.rio.rj.gov.br/web/pgm/exibeconteudo?article-id=608709. Acesso: 09 de abril de 2010), encontramos o seguinte:

"**Dúvidas frequentes sobre o processo de desapropriação:**

_ *Qual é a vantagem em fazer o acordo?* No caso de acordo, o pagamento da indenização é mais rápido, já que não há necessidade de processo judicial, que costuma levar alguns anos para ser concluído. Além disso, o proprietário não terá outras despesas, como pagamento de advogados, peritos avaliadores, custas processuais etc.

_ *Se eu não concordar com a desapropriação, posso impedir a desapropriação do meu imóvel?* Não. A desapropriação é obrigatória e, por lei, não há como impedi-la. O proprietário só poderá discutir o valor da indenização. Caso não haja acordo, a desapropriação será feita judicialmente".

No que diz respeito à desapropriação de áreas ocupadas por assentamentos irregulares, o morador não recebe a indenização pela terra. A prefeitura, não reconhecendo os direitos desses cidadãos, que por muitas vezes teriam legalmente a propriedade por usucapião, prefere buscar indenizar a terceiros que sequer usufruem daquele espaço.

Devido à falta de debate público sobre as intervenções urbanas, os atos desapropriatórios, expressos em decretos, se analisados de forma isolada, não apresentam suas razões de forma esclarecedora, uma vez que só é colocada a razão de utilidade pública, sem justificá-la. No entanto, quando indicados territorialmente os decretos desapropriatórios desses imóveis, é possível estabelecer algumas hipóteses relacionando-os ao projeto de cidade que está sendo imposto.

DESAPROPRIAÇÕES X GRANDES PROJETOS URBANOS

[DADOS 2009-2012]

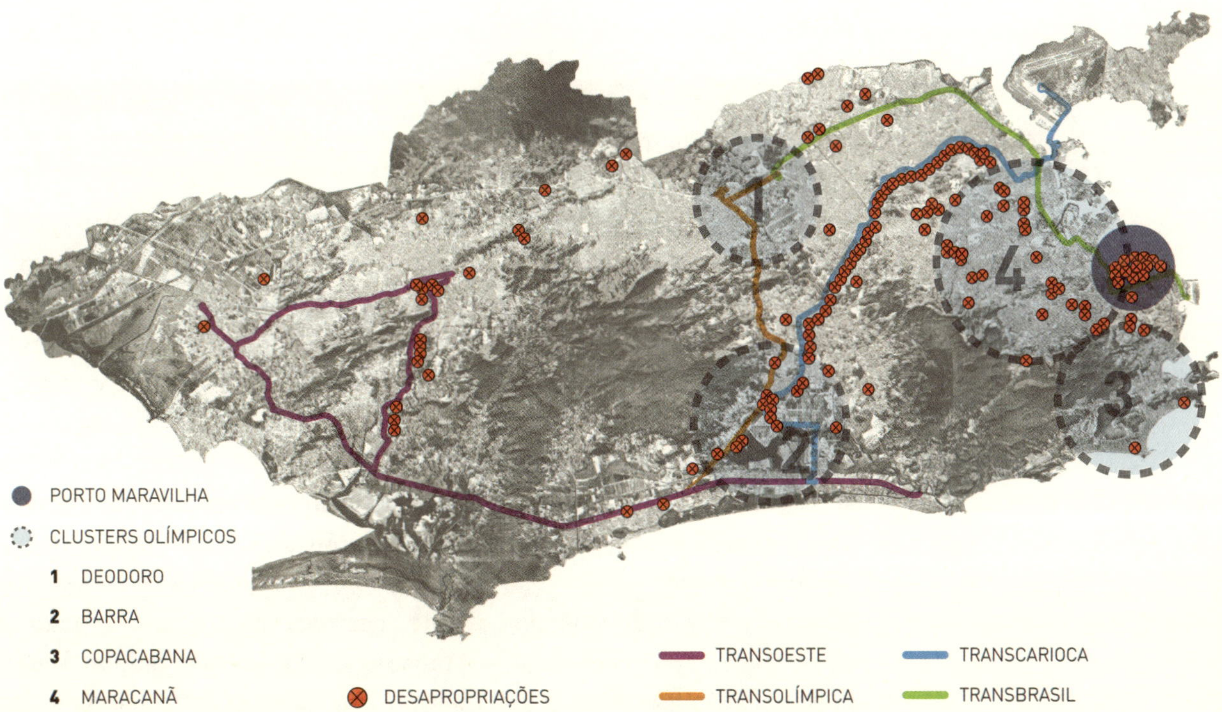

Este mapa representa a espacialização dos decretos desapropriatórios no período 2009-2012. Ao confrontá-los com o Porto Maravilha, os grandes projetos olímpicos e de transportes propostos para a cidade, é possível entender as claras estratégias para a valorização do solo urbano. Observando o mapa, percebe-se que há uma grande concentração de desapropriações na área portuária, nos arredores de projetos voltados aos megaeventos, como o entorno dos estádios do Engenhão, Maracanã e Parque Olímpico, e ao longo dos novos corredores viários, principalmente da Transcarioca. No entanto, calcula-se que o número de desapropriações deve crescer — as obras da Transolímpica, por exemplo, que ainda não estavam em estágio muito avançado em 2012, devem atingir milhares de imóveis.

Desapropriações, remoções e a política de mobilidade urbana

Na macrozona de ocupação controlada, área mais valorizada da cidade, as intervenções de mobilidade urbana não apresentam nenhum impacto direto sobre a destituição da propriedade privada. Nela, a zona mais rica do município, a solução de transportes é o metrô em subsolo, reconhecidamente o modal mais eficiente, que não promove rupturas muito fortes sobre o tecido urbano. Já nas demais localidades do Rio de Janeiro implantam-se os BRTs em superfície, modal que necessita de desapropriações para a sua viabilidade.

Em consonância com o Plano Diretor, grande parte das intervenções concentra-se na macrozona de ocupação incentivada, área da cidade de certo valor imobiliário devido à sua relativa centralidade, que, no entanto, necessitaria de estímulos para se consolidar. Os *Bus Rapid Transit* (BRTs) e as suas desapropriações servem ali como um vetor de valorização dos terrenos de suas imediações, favorecendo uma maior margem de lucro para a iniciativa privada.

O projeto para o corredor exclusivo de ônibus articulados, que hoje é incorporado a uma série de intervenções motivadas pelos compromissos assumidos com a organização dos Jogos Olímpicos, fez parte dos planos de algumas gestões municipais. Antes chamado de corredor T5 para o trajeto Barra da Tijuca-Penha, à Transcarioca foi acrescentado mais um novo trecho que se estende até o aeroporto internacional Tom Jobim.

O modelo de transporte adotado é inspirado no plano de Jaime Lerner para a cidade de Curitiba (PR) e divulgado como um modal de massa. Embora não tenha alta capacidade, esses corredores são implantados como uma alternativa à mobilidade urbana no Rio de Janeiro. Articuladas em sistema com a Transcarioca estão a Transoeste (Santa Cruz-Barra da Tijuca), a Transolímpica (Barra da Tijuca-Deodoro) e a Transbrasil (Deodoro-Centro).

A Transcarioca, ao longo do seu trajeto, atravessa 18 bairros entre as zonas Oeste e Norte. Por onde passa, grande parte das vias foi alargada a fim de viabilizar o aumento de fluxo de automóveis. Nesse sentido, a prefeitura colocou a necessidade de um plano de desapropriações dos lotes lindeiros à área de intervenção por meio de decretos[29].

O Plano de Reestruturação Urbana do Corredor T5/Transcarioca , de 2010, prevê a necessidade de desapropriação de 1.627 lotes, totalizando uma área de 1.476.383,39 metros quadrados. Segundo este mesmo projeto, não executado integralmente, foi priorizada a escolha de terrenos que possuam áreas remanescentes reaproveitáveis para construção, possibilitando assim a remodelação dos bairros. Esse tipo de desapropriação deveria representar 87% da área atingida pelo projeto.

Em consonância com a valorização pretendida para reestruturação urbana, o Plano Diretor em vigor estabelece um parâmetro urbanístico exclusivo para as áreas sob influência desse corredor. Ao mesmo tempo em que ele estabelece o instrumento de outorga onerosa para maior arrecadação, o Estado amplia o Coeficiente de Aproveitamento Máximo nessa área, contrastando muitas vezes com os parâmetros apontados para os próprios bairros, superando-os por até quatro vezes. O que tende a transformar a paisagem dessas localidades brutalmente.

As diretrizes de intervenção são muito diferenciadas de acordo com cada trecho de estudo. O Plano de Reestruturação identifica quais são os terrenos de maior interesse do mercado imobiliário e quais são os instrumentos que podem viabilizar a construção de novos empreendimentos. Por exemplo, em bairros como a Barra da Tijuca, indica-se o empenho do mercado na expansão de *shopping centers*, enquanto em Madureira há um razoável interesse para a promoção de habitação popular.

Outro aspecto que torna a Transcarioca como indutora do mercado imobiliário é a exclusão das camadas mais pobres do entorno da área do

29. Decreto 31.567, de 11 de dezembro de 2009; Decreto 33.872, de 23 de maio de 2011; Decreto 33.929, de 8 de junho de 2011; Decreto 33.728, de 29 de abril de 2011; Decreto 33.647, de 11 de abril de 2011; Decreto 33.076, de 22 de novembro de 2011; Decreto 32.967, de 20 de outubro de 2010; Decreto 32.752, de 3 de setembro de 2010; Decreto 32.755, de 3 de setembro de 2010; Decreto 32.596, de 29 de julho de 2010; Decreto 33.651, de 11 de abril de 2011; Decreto 34.487, de 27 de setembro de 2011; Decreto 35.001, de 22 de dezembro de 2011; Decreto 34.197, de 21 de julho de 2011; Decreto 34.207, de 1º de agosto de 2011; Decreto 35.057, de 23 de janeiro de 2012; Decreto 35.184, de 5 de março de 2012; Decreto 34.797, de 28 de novembro de 2011; Decreto 34.684, de 8 de novembro de 2011; Decreto 34.376, de 30 de agosto de 2011; Decreto 34.486, de 27 de setembro de 2011; Decreto 34.566, de 6 de outubro de 2011; Decreto 33.388, de 11 de fevereiro de 2011; Decreto 33.936, de 9 de junho de 2011; Decreto 34.799, de 28 de novembro de 2011.

projeto. Segundo seu planejamento, foi estipulada uma faixa de 15 metros de desapropriações ao longo das vias, em área de favela, para recomposição da malha urbana informal. Nesse sentido, o projeto do corredor viário pretende remover total ou parcialmente as favelas Arroio Pavuna, comunidade São Francisco de Assis, Vila Sapê, Chácara do Tanque, Chacrinha do Mato Alto, Vila Campinho, Comendador Lisboa, Vila Santo Antônio, Uga-Uga, Avenida Teixeira de Castro e Parque União.

O mapa abaixo apresenta áreas desapropriadas durante a construção da Transcarioca onde posteriormente foram lançados empreendimentos imobiliários. No mapa é possível ver ainda um trecho (circulado em amarelo), onde havia uma ocupação já estabelecida e por cima da qual optou-se por projetar a via.

EM VERDE, FAVELAS AMEAÇADAS DE REMOÇÃO; EM VERMELHO, LOTES DESAPROPRIADOS QUE COINCIDEM COM OS LANÇAMENTOS IMOBILIÁRIOS.

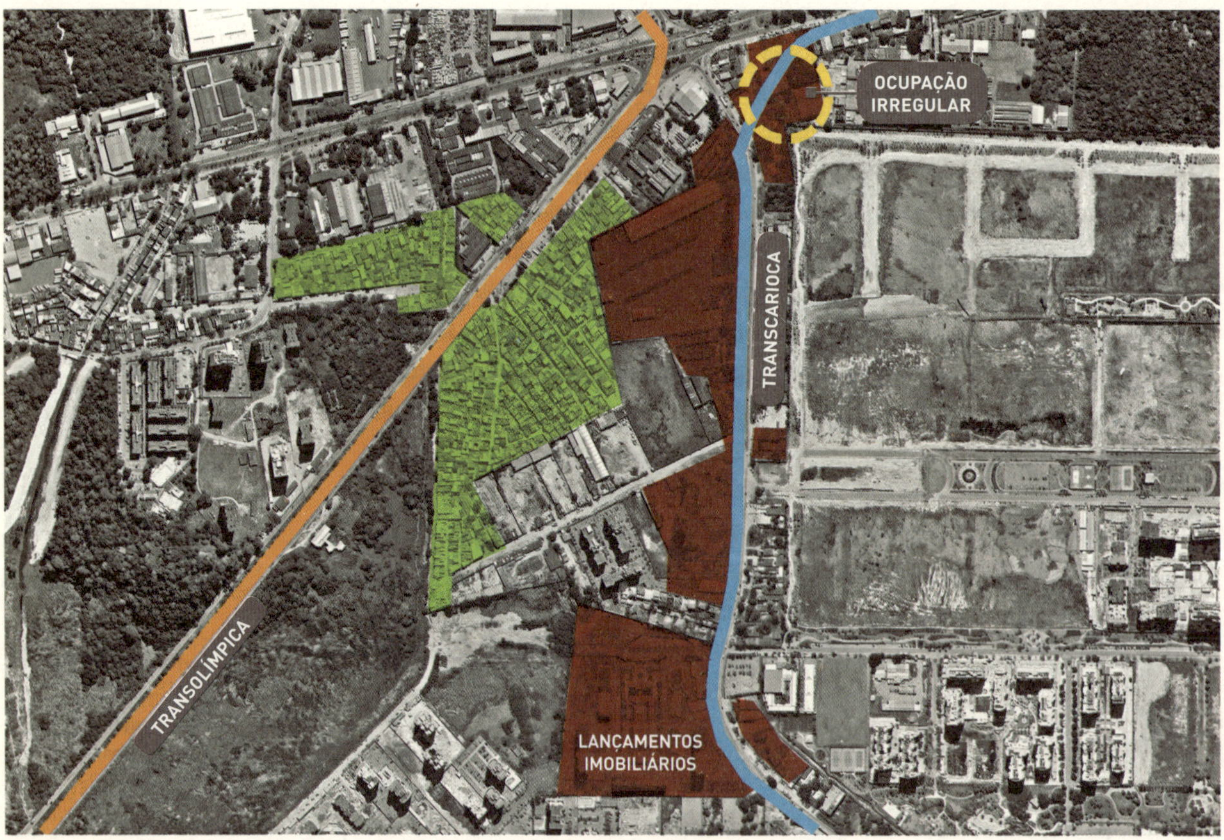

O próprio plano estratégico municipal 2012-2016 estipula, dentre os seus parâmetros de acompanhamento de execução, o percentual de imóveis desapropriados como forma de agilizar as obras, que, por sua vez, possibilitaram uma ação mais agressiva do Estado para obtenção das metas pretendidas. Aqueles cidadãos que não tiveram a oportunidade de conhecer e discutir o projeto são os mesmos que estão sendo retirados de suas casas com uma ação truculenta da prefeitura com o objetivo de viabilizar a obra em tempo para os grandes eventos sediados pela cidade.

Inaugurado em 2012, o projeto da Transoeste conecta a Barra da Tijuca ao centro de Santa Cruz e Campo Grande. Ele consiste em um corredor exclusivo para ônibus articulados e algumas pistas para automóveis em determinados trechos, passando em grande parte por vias já existentes e por áreas pouco ocupadas. Segundo o projeto, a Transoeste estará interligada à Transcarioca, com o metrô na linha 4 e com a Transolímpica.

A obra incluiu investimentos na reurbanização do trajeto, como alargamento e construção de vias e túneis — ou seja, ao mesmo tempo em que priorizou o transporte coletivo, incentivou o individual. Assim como as demais vias projetadas para a cidade, a Transoeste surge como um vetor estruturante para a ocupação e incorporação de novas terras. Por onde passa o corredor nas áreas mais valorizadas, os mais pobres cedem o espaço. Já na zona em que o próprio Plano Diretor caracteriza como de ocupação assistida, o Estado serve como grande indutor para a produção da construção civil, principalmente aquela voltada para habitação popular através do Minha Casa Minha Vida.

Dentro dessa lógica de reorganização do espaço urbano por estratos sociais, na qual resta às camadas com menor poder aquisitivo os territórios mais distantes da cidade, o transporte ganha um valor muito significativo para a sua sustentabilidade. O cidadão que mora na periferia da Zona Oeste geralmente não trabalha nessas imediações, necessitando de um meio de transporte mais ágil, que possibilite uma melhor fluidez para reprodução de capital.

Do mesmo modo que essa população está sendo induzida a habitar a região mais afastada com o auxílio da Transoeste, aqueles que ocupam áreas de maior valor imobiliário estão sendo expulsos pelo mesmo corredor. Este é o caso dos moradores das favelas da avenida das Américas, número 19.070, Restinga, Vila Harmonia, Vila Recreio II, dentre outras que estão no caminho da via. Passadas as obras, o que se constata é que a intervenção aproveitou apenas 10% da área aberta, segundo denúncia encaminhada ao Ministério Público do Rio de Janeiro pelo Comitê Popular da Copa e das Olimpíadas. Enquanto isso, a prefeitura autorizou no local desapropriado a construção do Mercado Municipal de Plantas Ornamentais, que será erguido em um terreno de 25 mil metros quadrados. No intuito de combater essas agressões, moradores desses assentamentos atingidos e de outros ainda ameaçados de remoção criaram, em setembro de 2012, uma Comissão de Atingidos da Transoeste.

Sobre a remoção de favelas para a construção da Transoeste e o deslocamento de moradores para a Zona Oeste com a justificativa de obras de infraestrutura, ver mais nas entrevistas de Maria de Lourdes Lopes, do MNLM, Jorge Santos Oliveira, ex-morador da Vila Recreio II, Francicleide da Costa Souza, presidente da Associação do Metrô Mangueira, e do aposentado Francisco de Assis Gomes, morador da Grota, no Complexo do Alemão.

Um fato recorrente entre todas essas obras de mobilidade é o desconhecimento da população sobre o desenho dessas intervenções. Os projetos se alteram a todo instante, o que levanta a suspeita de que o traçado dos BRTs acaba sendo colocado como apenas mais um pretexto para as remoções, como no caso da Vila União, de Curicica. A comunidade já estava relacionada para receber obras de urbanização do programa Morar Carioca, com um escritório contratado executando o projeto. No entanto, sem maiores explicações do poder público, os trabalhos foram suspensos e ao mesmo tempo 700 famílias tiveram suas casas marcadas pela prefeitura, indicando a necessidade do despejo para dar passagem a um trecho da Transolímpica, via apresentada como um legado dos Jogos, que prevê pedágio por 35 anos pelo consórcio vencedor formado por Odebrecht, OAS e CCR.

A LINHA 4 DO METRÔ PEDE PASSAGEM NA BARRA

Comunidade à beira da Lagoa de Marapendi está sendo removida para dar lugar às obras.[30]

PREFEITURA ANUNCIA 3.630 DESAPROPRIAÇÕES

Depois de ser anunciado por anos a fio, o T5, o corredor expresso para ônibus articulados entre a Barra e a Penha, finalmente sairá do papel. Ontem, o prefeito Eduardo Paes baixou um decreto no Diário Oficial para desapropriação de 3.630 imóveis ao longo do trajeto do T5, agora chamado Transcarioca. Ao todo, a prefeitura destinará R$ 300 milhões para bancar as desapropriações.[31]

30. Jornal O Globo, abril de 2012.

31. Jornal Extra, dezembro de 2010.

Prevista no caderno de encargos dos Jogos Olímpicos Rio 2016, a Transolímpica será construída e gerenciada pelo consórcio 'Rio Olímpico', formado pelas empresas Invepar, CCR e Odebrecht. Com 23 quilômetros de extensão e orçada em R$ 1,55 bilhão, a via expressa terá cinco pistas por sentido, duas reservadas ao BRT. Será a segunda via municipal pedagiada do Rio.[32]

Desapropriações e remoções no entorno do Engenhão

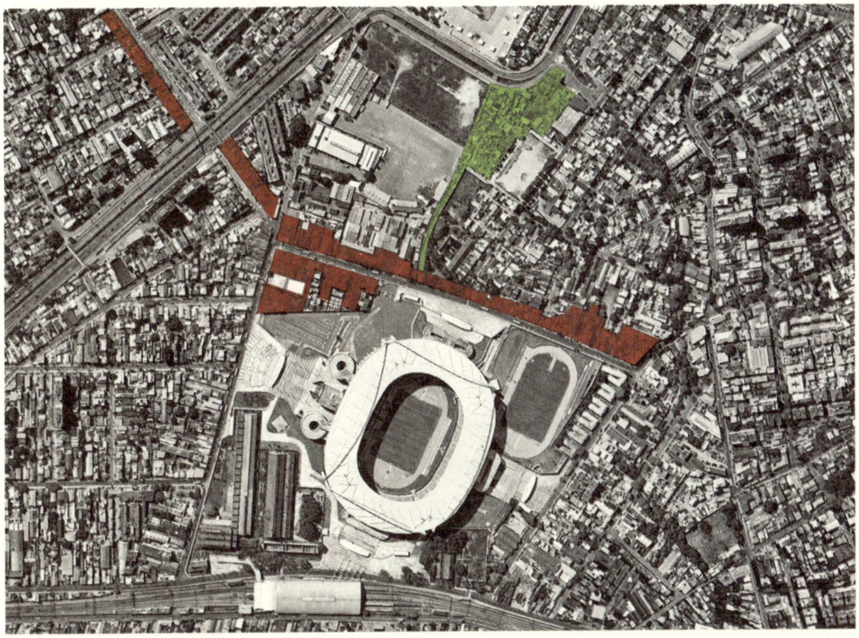

EM VERMELHO, IMÓVEIS DESAPROPRIADOS. EM VERDE, FAVELA BELÉM-BELÉM (AMEAÇADA DE REMOÇÃO)

O Rio de Janeiro, uma vez eleito cidade-sede dos Jogos Olímpicos de 2016, apresentou um caderno de encargos que mostra entre seus compromissos e projetos a requalificação do Estádio Olímpico João Havelange (Engenhão) e de seu entorno. Construído para os Jogos Pan-Americanos de 2007, foi necessária a elaboração de outro projeto que atendesse a área, já que o equipamento não corresponde a todas as exigências impostas pelo Comitê Olímpico Internacional (COI).

32. Jornal O Globo, abril de 2012.

33. Decreto 32.472, de 05 de julho de 2010; Decreto 33.365, de 24 de janeiro de 2011; Decreto 33.774, de 09 de maio de 2011.

34. Disponível em: http://oglobo.globo.com/rio/milicia-negocia-imoveis-onde-vai-passar-novo-acesso-ao-engenhao-2744097.

35. Lei nº 4.125 de 1º de julho de 2005.

A inserção de um equipamento esportivo desse porte no bairro do Engenho de Dentro no princípio dos anos 2000 representou uma ruptura muito grande sobre a malha urbana e a dinâmica social, mais especialmente no que diz respeito à valorização imobiliária nas redondezas. Para atender às exigências do COI, esse processo foi retomado. A escala das ruas e das casas não é condizente com o projeto que está em curso. Nesse intuito, por meio de decretos[33], a prefeitura desapropriou uma série de imóveis do entorno do estádio para oferecer maior fluidez ao trânsito de automóveis e torcedores. Se não bastasse essa intervenção, o poder municipal já sinalizou[34] a possibilidade de remoção, por razões completamente desconhecidas, na favela Belém-Belém, de aproximadamente 300 famílias que ocupam aquele espaço desde 1972.

Tanto as desapropriações quantos as remoções desses lotes estão claramente associadas ao desejo do capital imobiliário. Em 2005, o poder municipal demarcou essa zona da cidade como Área de Especial Interesse Urbanístico (AEIU)[35], flexibilizando os parâmetros urbanísticos e aumentando o Coeficiente de Aproveitamento Máximo (CAM) dos terrenos, que foram mantidos no atual Plano Diretor como forma de incentivo à transformação urbana e social do bairro.

MOTIVAÇÃO DAS REMOÇÕES SEGUNDO A SMH

FONTE: GERÊNCIA DE TERRAS E REASSENTAMENTOS DA SMH (ABRIL 2012)

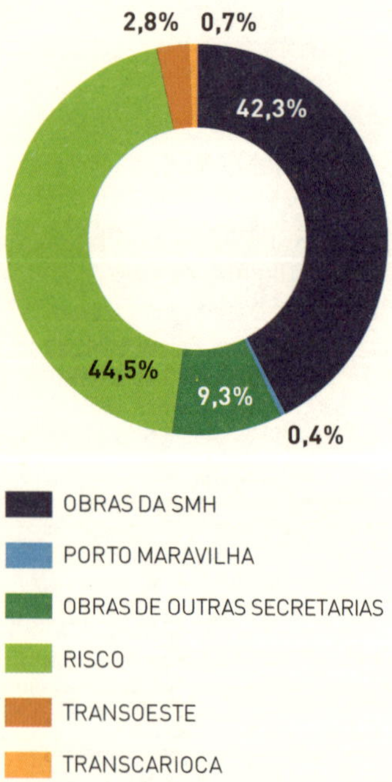

REMOÇÕES

Em busca da reorganização do espaço urbano do Rio de Janeiro, a prefeitura, através da ação de suas secretarias, aponta a alternativa de remoção das camadas sociais mais pobres como preceito para a valorização do território. O planejamento estratégico é evocado para substanciar este argumento através de suas metas e projetos elencados. Os corredores viários, a construção de parques, as intervenções na área portuária, a instalação e requalificação de equipamentos esportivos e, sobretudo, a eliminação de ocupação de áreas de risco são os argumentos mais utilizados pelo Estado para promover essas remoções.

O mapa a seguir representa uma síntese de dados obtidos através da Gerência de Terras e Reassentamentos da Secretaria Municipal de Habitação (SMH), observando as suas motivações oficiais. O que percebemos ao representar essas remoções espacializadas é uma grande concentração nas áreas mais valorizadas ou com potencial de valorização devido ao aporte de recursos investidos. Nesse sentido, o direcionamento das ações do Estado sobre determinada região vem especialmente ao encontro dos interesses da construção civil. As favelas e ocupações, cuja permanência resistiu à lógica imobiliária formal por todos esses anos, agora sofrem novamente uma fortíssima intervenção. Coincidentemente ou não, os assentamentos que apresentam o maior risco geotécnico e que também recebem obras de infraestrutura são exatamente aqueles que estão nas zonas de influência dos Jogos Olímpicos e da Copa do Mundo.

FAVELAS COM REMOÇÃO E SUAS MOTIVAÇÕES

FONTE: BASEADO EM INFORMAÇÕES DA GERÊNCIA DE TERRAS E REASSENTAMENTOS DA SMH (ABRIL DE 2012)

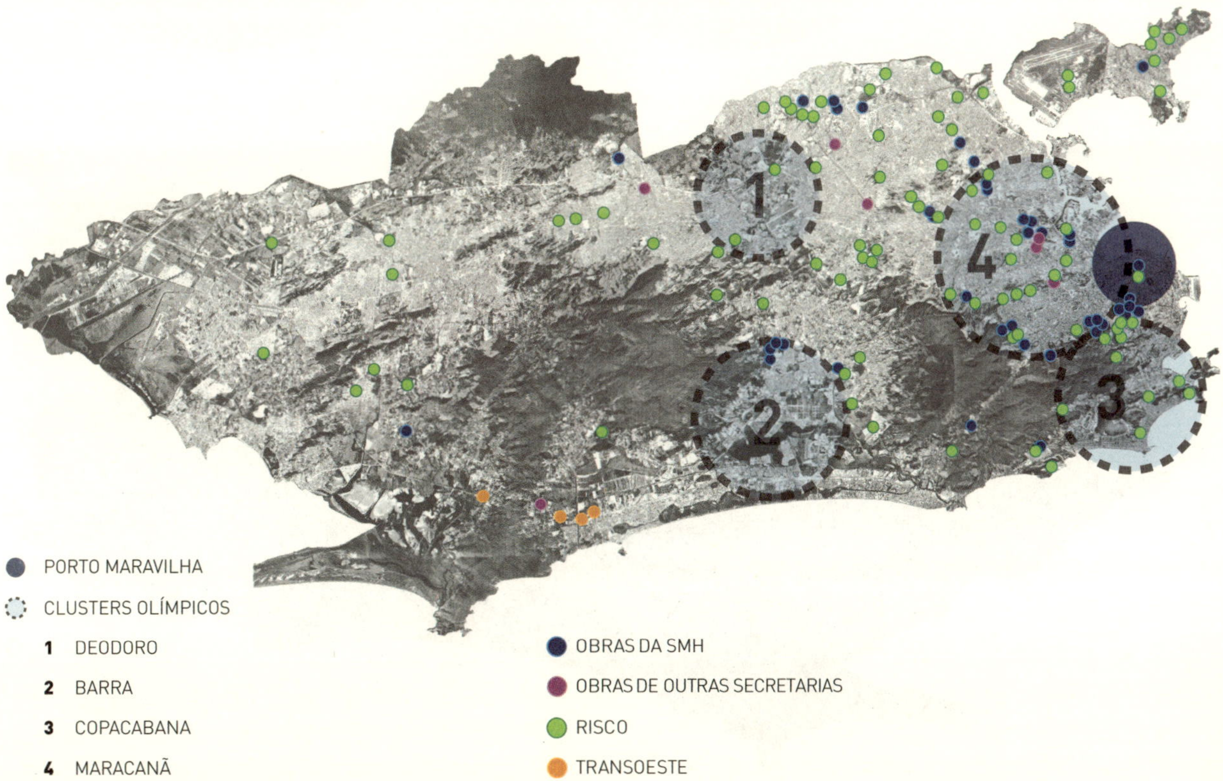

PERCENTUAL DE DOMICÍLIOS E FAVELAS REMOVIDOS POR MACROZONA DE PLANEJAMENTO[36]

36. Gráfico elaborado com base em dados coletados na SMH em 2012.

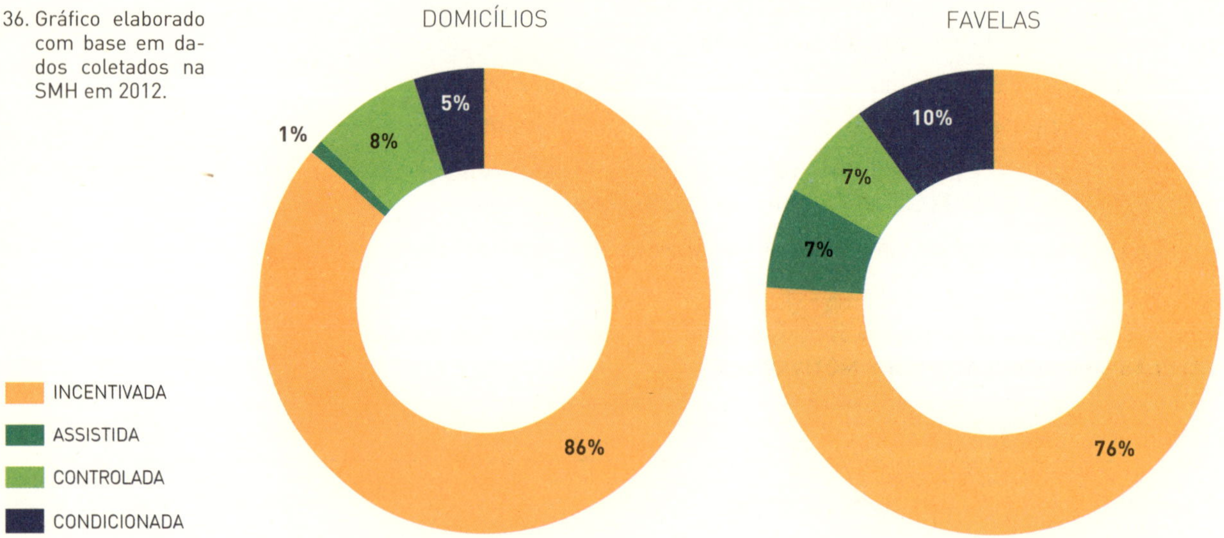

Os passos para uma remoção

Através de entrevistas e pesquisas feitas nesse período, percebemos semelhanças nos procedimentos de abordagem do poder público nos processos de remoção, às vezes mais agressivos, a depender da resistência. Abaixo, o passo-a-passo da tática utilizada nas recentes tentativas de despejo em massa no Rio de Janeiro.

> Em todas as entrevistas com moradores que foram removidos ou sob ameaça de despejo, a forma de abordagem do poder executivo se assemelha. Ver mais sobre o tema nas entrevistas de Maria de Lourdes Lopes, do MNLM, Jorge Santos Oliveira, da Vila Recreio II, Altair Antunes Guimarães e Jane Nascimento, respectivamente presidente e vice-presidente da Associação de Moradores, Pescadores e Amigos da Vila Autódromo (Ampava), Cosme Vinícius Felippsen, do Morro da Providência, Maria de Fátima Amorim, conhecida como irmã Fátima, vice-presidente da Associação de Moradores dos Tabajaras (Estradinha Botafogo), Fábio Dutra Costa, morador do Horto, Maria do Socorro da Silva de Oliveira, liderança da favela Indiana e integrante do Comitê Popular da Copa, e do aposentado Francisco de Assis Gomes, morador da Grota (Complexo do Alemão).

1. **COMUNICADO DE REMOÇÃO**
   A Secretaria Municipal de Habitação, com pretextos diversos, anuncia à comunidade a remoção e coloca à disposição empreendimentos do Minha Casa Minha Vida, na Zona Oeste, com uma distância que varia de 40 a 70 quilômetros do local de moradia original.

2. **CENSO INVENTADO**
   Agentes públicos municipais, sob a justificativa de estarem executando uma pesquisa específica para a Educação ou para averiguação a fim de contemplar moradores com benefícios federais, pedem para entrar nas casas. Além da medição, fotografam e obtêm detalhes sobre a vida de cada morador. O mapeamento serve para saber quem é assentado, há quanto tempo vive no local e qual a relação afetiva com a comunidade. Isso define quem, em caso de necessidade, pode ser cooptado e levado a travar uma disputa com os que querem permanecer.

3. **MARCAÇÃO DE CASAS**
   Comunicada a remoção e feito o levantamento, a prefeitura demarca as casas com a sigla SMH e, no caso de negociação positiva, também coloca a letra "D", de demolição. Caso semelhante pelo autoritarismo ao curioso "PR" de "Príncipe Regente" ou de "Ponha-se na rua" no Rio de Janeiro ainda colonial.
   Em 2011, após muitos protestos, a incidência de pichações por parte da prefeitura diminuiu, mas ainda foi vista, por exemplo, na favela Metrô Mangueira, que passou por uma segunda remoção em 2014.

4. **NEGOCIAÇÕES INDIVIDUALIZADAS**

Ofertas individualizadas e não necessariamente padronizadas fazem parte da tática de dividir a comunidade. Ao aceitar a proposta, a prefeitura diz ao morador que a negociação não se concretiza enquanto os demais não aceitarem a saída: "São eles que atrapalham a sua vida".

5. **DIVISÃO DO COLETIVO E COOPTAÇÃO DE PESSOAS**

A recusa de diversas comunidades em deixar para trás o lugar de identidade, movendo ações contra as remoções forçadas, fizeram com que o poder público adotasse uma nova maneira para concretizar o seu planejamento. A oferta de facilidades para moradores e presidentes de associações pode ser por meio de favorecimentos ou garantindo um encontro com "autoridades".

No Metrô Mangueira, no primeiro despejo forçado, a comunidade destituiu dois presidentes por terem "vendido" a favela. Também em Indiana, o presidente e o vice receberam indenizações (dois entre três indenizados) e passaram a representar os interesses do município, incentivando a saída dos moradores.

6. **DISPUTAS, AMEAÇAS E OS CONTRATADOS**

Convictos de que não conseguiriam a indenização ou o apartamento prometido pelo município por causa daqueles que gostariam de permanecer (segundo o discurso da prefeitura), os moradores aceitam negociar a saída da comunidade e começam a pressionar os demais para resolver o problema. Ainda que se explique que são processos distintos, considerando que a oferta foi individual e que independe da vontade do coletivo para acontecer, a pressão dos agentes municipais para o confronto leva a um descontrole.

Além disso, quando a resistência é maior do que o calculado pela prefeitura, outras pessoas que não têm ligação com a comunidade aparecem em assembleias e reuniões para insuflar o coletivo contra o grupo que defende o direito de permanência no local. Não raramente, esses "estrangeiros" iniciam as agressões físicas. Foi o que aconteceu em Indiana, quando uma mulher, que não morava há mais de 15 anos na comunidade, agrediu uma das lideranças da favela, a qual também recebeu ameaças de morte. De forma semelhante, em 2014, diretores da Associação de Moradores e Pescadores da Vila Autódromo também foram ameaçados.

7. DEMOLIÇÃO E DESCARACTERIZAÇÃO

A demolição de casas negociadas, deixando no local os entulhos que ficam ali por anos, é o passo seguinte. Bichos mortos, ratazanas e insetos tornam insuportável a vida dos vizinhos. Esse cenário faz parte de uma pressão psicológica contra os que decidem resistir. De todas as comunidades removidas desde 2009, somente três conseguiram na Justiça a retirada dos escombros: Indiana, Estradinha Botafogo e Vila Autódromo.

A descaracterização das moradias negociadas consiste em retirar portas, janelas e furar as lajes, para dificultar a reocupação. Há ainda reclamações nas comunidades de aumento de casos de dengue, devido à água acumulada, e de que esses imóveis desocupados também seriam utilizados por usuários de drogas, ampliando a sensação de insegurança no local.

No início das obras do PAC, as negociações com moradores que tinham casas em áreas demarcadas para obras de infraestrutura privilegiaram a venda, seguida de venda assistida. Muitas casas foram demolidas e os entulhos deixados durante anos nos locais. Até hoje, passados seis anos, o Morro do Alemão continua com entulhos. O processo de demolição continuou e hoje, moradores da Grota também são obrigados a conviver com restos de demolição, como afirmou o aposentado Francisco de Assis Gomes em sua entrevista.
Muitas casas desocupadas para obras do PAC no Morro do Alemão foram apenas descaracterizadas. As obras de infraestrutura não vieram e esses imóveis acabaram sendo reocupados por outras famílias, como revela a entrevista de Maycon Brum. Processo semelhante aconteceu em Metrô Mangueira. Ver entrevista de Francicleide da Costa Souza.

8. USO DA FORÇA POLICIAL

Metrô Mangueira foi um dos exemplos mais cruéis desta etapa. Na segunda remoção da favela, em fevereiro de 2014, o aviso de saída aos que permaneceram ou ocuparam casas que não foram demolidas inicialmente foi para um prazo máximo de três dias. Terminado o tempo, o lugar foi invadido por agentes municipais e policiais militares. *Spray* de pimenta, bombas de gás lacrimogêneo e força desproporcional foram acionados contra famílias que ficaram sem indenização ou qualquer lugar onde morar.

9. DEFENSOR PÚBLICO ATUA COMO PROCURADORIA MUNICIPAL

Um dos últimos recursos utilizados pelo poder público no processo de remoção passa não somente pela falta de reconhecimento do direito dos atingidos, mas também pela negação ao acesso à defensoria. O Núcleo de Terras da Defensoria Pública do Estado do Rio de Janeiro, órgão que deveria atuar em defesa dos direitos dos moradores na mediação dos conflitos, vem sofrendo uma grave ingerência do poder executivo.

Em defesa dos interesses comunitários da Vila Autódromo, em março de 2014, a defensoria impetrou uma liminar que impedia a demolição das casas, enquanto não fossem apresentados pela prefeitura os projetos de urbanização para a área remanescente, o que simbolizava uma vitória frente ao cenário de desastre que assolava as outras favelas atingidas. No entanto, em pouco tempo, o setor de comando da defensoria atuou no sentido contrário, defendendo os interesses da prefeitura. Sob o argumento de que as demolições seriam imprescindíveis para os reassentamentos daqueles moradores que já haviam negociado sua saída, fato negado pela Caixa Econômica Federal (responsável pelo Minha Casa Minha Vida), o defensor geral solicitou a suspensão da liminar.

O CASO DA VILA AUTÓDROMO

A comunidade que hoje ocupa uma área às margens da Lagoa de Jacarepaguá, próxima ao autódromo, teve seus primeiros assentamentos no princípio da década de 1960, quando aquela região marginal da cidade era totalmente desprovida de infraestrutura e serviços públicos. Essa colônia de pescadores se consolidou através dos anos principalmente com seus próprios investimentos de renda e trabalho para promoção de condições básicas de habitabilidade.

Mais sobre a Vila Autódromo nas entrevistas de Altair Antunes Guimarães e Jane Nascimento, respectivamente presidente e vice-presidente da Associação de Moradores, Pescadores e Amigos da Vila Autódromo (Ampava), e de Steliano Francisco dos Santos, Seu Pernambuco.

Ao longo de décadas, a favela começou a crescer, principalmente após a instalação do autódromo e a expansão do mercado imobiliário para a Barra da Tijuca, que levaram investimentos públicos à região. Até a última ofensiva da Prefeitura, viviam em torno de 500 famílias na Vila Autódromo, algumas até com o título de Concessão Real de Direito de Uso. No entanto, desde a década de 1990 essas pessoas convivem com recorrentes ameaças de remoção por meio da ação da prefeitura e seus instrumentos judiciais.

Em 1992, a comunidade sofreu sua primeira ameaça de remoção. A Procuradoria Municipal alegava que a Vila causava dano estético e ambiental à paisagem. Quatro anos depois, a retirada das famílias tinha justificativa devido ao risco da ocupação para as suas vidas. Já nos anos 2000, a instalação de equipamentos esportivos para os Jogos Pan-Americanos de 2007 foi o argumento utilizado para viabilizar a remoção e a apropriação da área para

os investimentos imobiliários. Porém, foi a partir do momento em que o Rio de Janeiro foi eleito para sediar os Jogos Olímpicos de 2016 que as ameaças à permanência da Vila Autódromo ficaram ainda mais constantes.

Embora a área da Vila estivesse primeiramente destinada à instalação do Centro de Mídia, após a realização de um concurso internacional para o projeto olímpico na região do autódromo, foi proposta a urbanização e a permanência da comunidade pelo projeto vencedor. No entanto, para a prefeitura, a Vila Autódromo continuava sendo uma ameaça: estaria ultrapassando um perímetro de segurança exigido pelo Comitê Olímpico Internacional (COI) por se encontrar nas proximidades dos equipamentos olímpicos, mesmo não tendo a presença de crime organizado no local.

Refutadas as razões e mediações apontadas pela prefeitura, a construção de uma controversa ligação entre os BRTs Transolímpica e Transcarioca, que não estava no projeto original, surgiu como um novo motivo para a remoção. A supressão do direito de moradia daquelas 500 famílias seria justificada por uma operação de interesse público maior, de mobilidade do conjunto de cidadãos.

Em 2012, como contraproposta ao reassentamento apontado pelo poder municipal, a comunidade se organizou para produzir um Plano Popular de Urbanização em conjunto com uma equipe multidisciplinar de técnicos da Universidade Federal Fluminense (UFF) e da Universidade Federal do Rio de Janeiro (UFRJ). Vindas as grandes manifestações populares de 2013, quando o tema das remoções surgiu como um dos questionamentos, a prefeitura se viu obrigada a negociar. O executivo apresentou então mais um projeto que afetaria a comunidade, porém, reconhecendo pela primeira vez a possibilidade de permanência de uma parcela das famílias. Dessa vez, a remoção de 60% da favela seria importante para obras de alargamento de vias, recuperação de um canal e principalmente a execução de duas novas vias para o acesso restrito de jornalistas, árbitros e atletas ao Parque Olímpico, para um evento que tem duração de um mês. Passados alguns meses de debates entre a prefeitura, a associação de moradores e seus técnicos, o prefeito rompeu unilateralmente a discussão e começou a operar em negociações individualizadas com o auxílio do defensor público geral.

O caso da comunidade da Vila Autódromo é apenas mais um exemplo de como as remoções são um instrumento imprescindível para o projeto de organização e apropriação da cidade independente de um contexto olímpico. A construção do Parque Olímpico é de responsabilidade do consórcio formado pelas construtoras Norberto Odebrecht, Andrade Gutierrez e Carvalho Hosken, empresas com diversos contratos com a prefeitura e que disputaram sozinhas a concorrência da parceria público-privada. Na mesma área onde serão realizados os Jogos, será construído um projeto residencial de luxo pela Carvalho Hosken. "Por que o rico pode morar ali e o pobre não? Por que a Carvalho Hosken pode construir e a comunidade não pode ficar?", indaga Altair Antunes Guimarães, que desde 2007 preside a Associação de Moradores da Vila Autódromo, em entrevista à Agência Pública.

Ao mesmo tempo em que as ameaças são constantes, a resistência dessa mesma comunidade também é mais uma lição de como é possível encarar as forças que se impõem sobre o Estado. Embora ainda em situação indefinida, é possível afirmar que foram a forte organização comunitária e a articulação com outros diversos movimentos sociais as principais razões pelas quais parte dos moradores ainda permanece no local, e porque aqueles que decidiram sair conseguiram melhores condições em relação aos removidos de outras localidades.

DESAPROPRIAÇÕES E REMOÇÕES DO PORTO MARAVILHA

EM VERMELHO, DESAPROPRIAÇÕES E EM VERDE, FAVELAS COM REMOÇÕES

A região portuária é a parte da cidade que mais vem sofrendo com o processo de intensas intervenções urbanas. O poder público, para fomentar os investimentos privados nessa região, demarcou a zona como de interesse urbanístico e ao mesmo tempo, por meio de decreto, estabeleceu uma operação urbana consorciada, na qual diversos serviços, antes de atribuição do Estado, agora estão concedidos ao consórcio Porto Novo, formado pelas empresas OAS, Odebrecht e Carioca Engenharia. Todo esse arranjo institucional é coordenado pela Companhia de Desenvolvimento Urbano da Região do Porto do Rio de Janeiro (CDURP), uma companhia pública de administração e orçamento autônomo, muito semelhante a uma empresa gestora privada.

Os recursos para execução das obras foram adquiridos mediante a venda de Certificados de Adicional Potencial Construtivo (CEPACs), em junho de 2011, para a Caixa Econômica Federal — isto quer dizer que todos os CEPACs foram adquiridos com dinheiro da União. A flexibilização dos parâmetros urbanísticos proposta pela Lei Complementar 101/2009 e seus diversos instrumentos para incentivar a produção da indústria da construção civil fazem com que esse território, de grande importância histórica para a cidade, sofresse com radicais transformações em sua morfologia e padrão social.

Embora grande parte das intervenções seja sobre áreas públicas, uma vez que a maioria dos terrenos da região é de patrimônio da União, dezenas de imóveis privados foram também desapropriados[37] para serem entregues à iniciativa privada, e alguns de relevante interesse histórico já foram inclusive demolidos. Muitas dessas edificações eram ocupadas por pessoas que não tinham moradia e acabaram removidas dali com o fim das ocupações Zumbi dos Palmares, Boa Vista, Flor do Asfalto, Machado de Assis, Casarão Azul, Guerreiros do 234, Guerreiros do 510 e Quilombo das Guerreiras.

Enquanto a prefeitura incentiva a vinda de novos residentes e a "revitalização" econômica da zona do porto, no Morro da Providência essas iniciativas têm gerado angústia para muitos de seus moradores, que vêm sofrendo um dos mais violentos embates com o setor público. Sob o argumento de promover melhores condições de habitabilidade e mobilidade, através do programa Morar Carioca, diversos moradores estão sendo ameaçados e despejados de suas casas. Aquela que foi a primeira favela do Rio de Janeiro, inserida em um espaço de grande exposição, deve ser remodelada pela prefeitura para atender as demandas futuras, principalmente turísticas. Nesse contexto, diversas casas e espaços de uso comum são retirados para dar lugar a mirantes e um teleférico que custou R$ 75 milhões, bancado com verba do Programa de Aceleração do Crescimento (PAC Mobilidade Urbana) e executado também pelo consórcio Porto Novo.

Assim, na favela como na cidade formal, grande parte desses terrenos originalmente públicos ou aqueles fruto de desapropriação, após a execução

37. Decreto nº 35.468, de 20 de abril de 2012; Decreto nº 35.060, de 23 de janeiro de 2012; Decreto nº 34.212, de 03 de agosto de 2011; Decreto nº 33.730, de 02 de maio de 2011; Decreto nº 33.734, de 03 de maio de 2011; Decreto nº 31.942, de 04 de março de 2010; Decreto nº 33.925, de 06 de junho de 2011; Decreto nº 31.413, de 27 de novembro de 2009; Decreto nº 34.085, de 06 de julho de 2011; Decreto nº 32.469, de 1º de julho de 2010; Decreto nº 33.932, de 09 de junho de 2011; Decreto nº 33.935, de 09 de junho de 2011; Decreto nº 32.465, de 1o de julho de 2010; Decreto nº 32.468, de 1o de julho de 2010; Decreto nº 35.466, de 20 de abril de 2012; Decreto nº 35.465, 20 de abril de 2012; Decreto nº 35.467, de 20 de abril de 2012; Decreto nº 32.029, de 23 de março de 2010; Decreto nº 31.943, de 04 de março de 2010; Decreto nº 31.941, de 04 de março de 2010; Decreto nº 32.594, de 29 de julho de 2010; Decreto nº 34.565, de 06 de outubro de 2011; Decreto nº 35.600, de 08 de maio de 2012; Decreto nº 30.815, de 23 de junho de 2009.

das obras de infraestrutura, será entregue à iniciativa privada para a especulação. O Estado nessa região atua como mitigador dos riscos de investimento privado, ao mesmo tempo em que oferece terrenos, todas as condições de infraestrutura, parâmetros urbanísticos mais complacentes e sobretudo financiamentos. Nesse contexto, a Caixa Econômica representou um papel muito importante. Ao comprar todos os CEPACs em um leilão, injetou uma quantidade de recursos que possibilitou a execução das obras de uma só vez. Da mesma forma, além de sócia da maioria dos empreendimentos, a Caixa Econômica também poupou as empreiteiras de comprar esses certificados que ainda têm um elevado grau de risco. Após a consolidação das estruturas na região portuária, o setor privado comprará a quantidade de CEPACs justa à sua opção de construção ou especulação.

O Porto Maravilha, como outras obras e programas, está sendo anunciado como um compromisso e legado olímpicos. De fato, a intervenção nessa área da cidade obtém grande apoio popular, porém esse projeto não teve suas diretrizes debatidas publicamente. Assim como em outros casos na cidade, as intervenções são apenas divulgadas, sem possibilidade de objeção. A publicidade dos projetos aparece mais como um veículo de propaganda do que de transparência e de possibilidade de debate público.

UPPs, REMOÇÕES E A VALORIZAÇÃO IMOBILIÁRIA

Desde o final de 2008, as Unidades de Polícia Pacificadora (UPPs) têm sido adotadas como uma política da Secretaria de Segurança Pública do Estado do Rio de Janeiro[38] que busca a retirada do domínio territorial por parte dos grupos armados ligados ao varejo de drogas. No entanto, essa política, de imenso apoio popular, também serve como condição básica para a expansão do capital formal para essas áreas e seu entorno.

Com a entrada do Estado nesses territórios, as famílias das favelas ocupadas por UPPs estão sofrendo com despejos em função das obras da prefeitura, que alega diversas motivações, inclusive risco. O poder municipal declara que a ocupação policial é o princípio para as intervenções urbanas e projetos sociais. Porém, além da entrada das políticas públicas, a inserção do mercado ocorre de forma ainda mais feroz nessas áreas.

38. FONTE: Secretaria Municipal de Habitação e Secretaria Estadual de Segurança Pública.

UNIDADES DE POLÍCIA PACIFICADORA NO RIO DE JANEIRO 2014

FONTE: SECRETARIA DE SEGURANÇA PÚBLICA DO RIO DE JANEIRO / GERÊNCIA DE TERRAS E REASSENTAMENTOS DA SMH (ABRIL DE 2012)

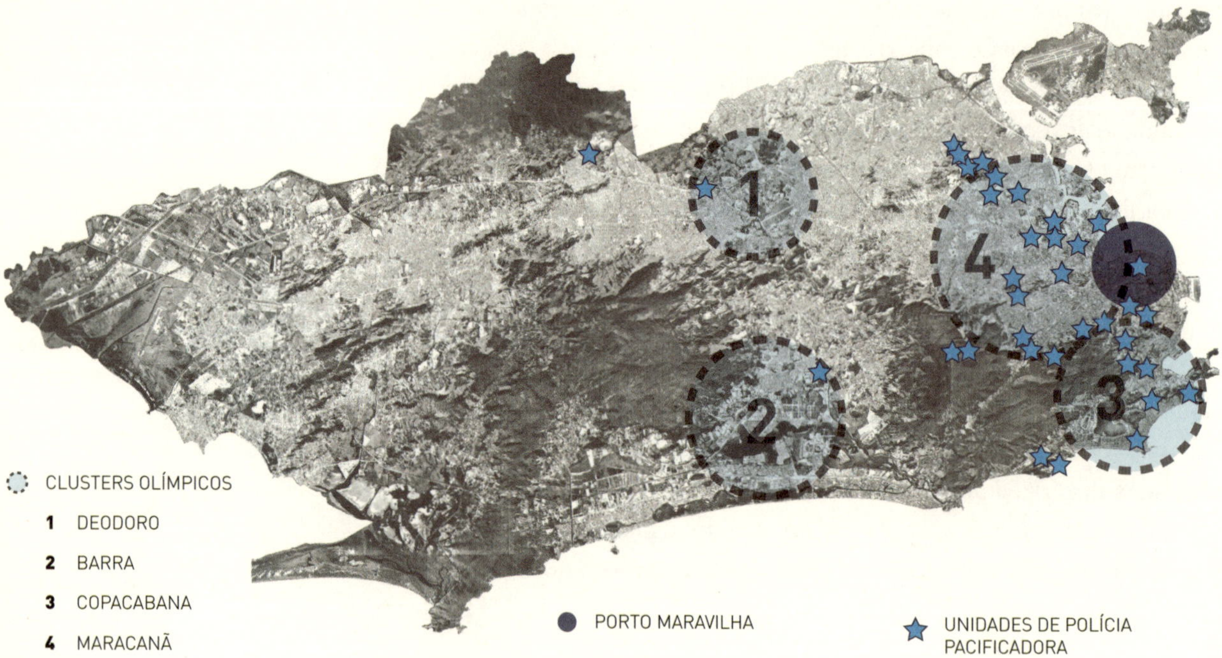

OCUPAÇÃO DA UPP	FAVELA	DOMICÍLIOS REMOVIDOS	RAZÃO DAS REMOÇÕES
ABR/2010	MORRO DA PROVIDÊNCIA	142	OBRAS DA SMH
	PEDRA LISA	1	RISCO
JUN/2010	BOREL	332	OBRAS DA SMH
JUL/2010	MORRO DA FORMIGA	90	OBRAS DA SMH
	SALGUEIRO	2	RISCO
	NOVA DIVINEIA	22	OBRAS DA SMH
	PARQUE JOÃO PAULO II	51	OBRAS DA SMH
	JAMELÃO	1	RISCO
	MORRO DO ANDARAÍ	75	RISCO
SET/ 2010	MORRO DA CHACRINHA	173	OBRAS DA SMH
	MORRO DA LIBERDADE	61	OBRAS DA SMH
	MATINHA	24	OBRAS DA SMH
	SUMARÉ	36	OBRAS DA SMH
	RODO	23	OBRAS DA SMH

OCUPAÇÃO DA UPP	FAVELA	DOMICÍLIOS REMOVIDOS	RAZÃO DAS REMOÇÕES
NOV/2010	MORRO DOS MACACOS	107	RISCO
	PARQUE VILA ISABEL	25	RISCO
	MORRO DO ENCONTRO	3	RISCO
FEV/2011	MORRO DOS PRAZERES	209	RISCO
	UNIDOS DE SANTA TERESA	8	RISCO
	VILA ANCHIETA	2	RISCO
	RUA PROJETADA A	41	RISCO
	MORRO DA COROA	52	OBRAS DA SMH
MAI/2011	AZEVEDO LIMA	63	OBRAS DA SMH
	CATUMBI	7	OBRAS DA SMH
	MORRO SANTOS RODRIGUES	142	OBRAS DA SMH
MAR/2012	MANGUEIRA	18	RISCO
	ESTAÇÃO MANGUEIRA	6	COPA DO MUNDO
	TUIUTI	5	RISCO

Essas favelas "pacificadas", localizadas preponderantemente na Zona Sul e arredores da Tijuca, regiões de grande interesse imobiliário, estão sofrendo com um intenso processo de "remoção branca" com o aumento do valor da terra e com a chegada de determinadas taxas das concessionárias com as quais os moradores muitas vezes não têm condições de arcar. Mesmo denunciada, não é possível quantificar esse tipo de remoção, que aparece como o lado mais perverso de uma política pública que se pretende inclusiva.

> **UPP FAZ PREÇO DOS IMÓVEIS DISPARAR O RIO**[39]
>
> **O efeito UPP**
> A pacificação de favelas no Rio está valorizando os bairros próximos das comunidade e abrindo um novo mercado para construtoras e incorporadoras.[40]

A CARACTERIZAÇÃO DE RISCO

A prefeitura alega que todas as remoções têm o intuito de oferecer melhores condições de habitabilidade e segurança aos moradores. Quando a Secretaria Municipal de Habitação declara que determinadas casas estão expostas a situação de risco, abrindo o precedente para a sua retirada, a sociedade fica sem condições de questionar essa motivação, que aparentemente serve apenas para salvar vidas. Segundo levantamento realizado pela Geo-Rio em 2010, 18 mil famílias residem em locais propensos a desastres naturais na cidade. No entanto, ultimamente, percebe-se que essas avaliações de riscos são utilizadas pela Secretaria no intuito de encobrir outros interesses.

Ao mesmo tempo que o critério de risco ambiental é acionado para remoção de áreas pobres, ele não é considerado para certos terrenos frágeis da região da Barra da Tijuca e de Jacarepaguá. A fragilidade do ambiente não foi empecilho para a aprovação, pela Câmara de Vereadores, do Projeto de Estruturação Urbana (PEU) das Vargens, que abrange uma área de 52 quilômetros quadrados entre os bairros de Vargem Grande,

39. Jornal Folha de São Paulo, março de 2011.

40. Construção Mercado, fevereiro de 2012.

A justificativa "área de risco" foi largamente utilizada na tentativa de remover comunidades em áreas valorizadas da cidade e outras que são de interesse do mercado imobiliário. Sobre o tema, ver mais nas entrevistas de Maria de Lourdes Lopes, do MNLM, Cosme Vinícius Felippsen, do Morro da Providência, Reinaldo Reis e Maria de Fátima Amorim, conhecida como irmã Fátima, respectivamente presidente e vice-presidente da Associação de Moradores dos Tabajaras (Estradinha Botafogo), Fábio Dutra Costa, morador do Horto, Maria do Socorro da Silva de Oliveira, liderança da favela Indiana e integrante do Comitê Popular da Copa, da comerciante Ana Maria Pedrosa, João Teodoro Nogueira e Fernanda Santos Rodrigues, do Morro das Palmeiras, no Complexo do Alemão.

Vargem Pequena, Camorim e trechos da Barra da Tijuca e do Recreio dos Bandeirantes. O projeto, de iniciativa do executivo municipal, eleva o gabarito em vários pontos da área, que está sujeita a inundações.

No bairro Camorim, a comunidade da Vila Alto Camorim, com cerca de mil moradores, sofre ameaça de remoção pelo fato de estar localizada no entorno do Parque Estadual da Pedra Branca, considerada área de proteção ambiental. Mas isso não impede que a Odebrecht Realizações Imobiliárias anuncie o lançamento na mesma região do empreendimento "Vent Residencial", com centenas de unidades, cujo valor de venda é estimado em R$ 110 milhões.

Se o problema de risco ambiental não impede a especulação na Zona Oeste, também não impede que a prefeitura construa o Parque Carioca, dentro do programa Minha Casa Minha Vida, para receber as famílias removidas da Vila Autódromo, em área frágil na Estrada dos Bandeirantes.

Além do risco ambiental, o risco de desabamento é também uma justificativa cada vez mais utilizada. O Morro da Providência, no Centro, e o Morro Santa Marta, em Botafogo, ambos em bairros valorizados da cidade, foram objeto de intervenção do programa de urbanização Morar Carioca. Para a realização das obras foram mapeadas pela prefeitura as áreas de risco que deveriam ter suas casas removidas. Desconfiados dos resultados apresentados pelos laudos oficiais, as comunidades pediram auxílio a outros técnicos, que elaboraram contralaudos[41], que por sua vez apontaram um número muito menor de remoções necessárias para viabilizar as intervenções que garantiriam uma condição segura para a permanência dos moradores.

No relatório técnico elaborado para a Providência, o arquiteto Marcos Azevedo e o engenheiro Maurício dos Santos são taxativos:

> A análise efetuada com relação à existência de possíveis situações de risco e aos condicionantes do projeto urbanístico permite concluir que a criação de um clima de insegurança nas comunidades do Morro da Providência e da Pedra Lisa, mediante o uso generalizado do argumento do 'risco', sem que fossem apresentados os estudos técnicos que pudessem comprovar a existência do mesmo, constitui parte da estratégia da Prefeitura/SMH para viabilizar a implantação do projeto de urbanização nos termos por ela propostos, sem dar margem a qualquer contestação.

41. Relatório sobre as visitas técnicas realizadas nas comunidades do Morro da Providência e da Pedra Lisa nos dias 23 de agosto e 07 de setembro de 2011 e Parecer Técnico sobre os motivos alegados pela Prefeitura do Rio de Janeiro para a remoção de 832 famílias nessas duas comunidades (Disponível em: http://forumcomunitariodoporto.files.wordpress.com/2011/12/relatc3b3rio-morro-da-providc3aancia_final-1.pdf); e "Rio: moradores do Morro Santa Marta relutam contra remoções" (Disponível em: http://www.sidneyrezende.com/noticia/185738+rio+moradores+do+morro+santa+marta+relutam+contra+remocoes).

PROCEDIMENTOS PARA O REASSENTAMENTO

A falta de informações, de laudos técnicos que balizem essas intervenções, o desrespeito de ações judiciais ou até o uso intimidador dos agentes da justiça caracterizam a truculência recorrentemente acusada pelos movimentos sociais. Uma ação exemplar dessa política foi a edição do Decreto 30.398/2009 já na segunda semana de gestão municipal, estabelecendo que a recém-criada Secretaria de Ordem Pública deveria realizar as demolições das edificações e construções sob risco de desabamento ou irregulares, considerando inadiável a tomada de providências em relação aos prédios que colocam em risco a vida e segurança dos munícipes.

O decreto em seu artigo primeiro define:

> Fica determinado à Secretaria Especial de Ordem Pública que realize as demolições das edificações e construções que apresentem riscos de desabamento, conforme laudo da Coordenadoria Geral do Sistema de Defesa Civil da Cidade do Rio de Janeiro — COSIDEC, e sejam consideradas irregulares, de acordo com o pronunciamento da Secretaria Municipal de Urbanismo.

Começa, a partir desse momento, uma ofensiva mais aguda aos assentamentos ditos irregulares e de risco. Primeiramente, a prefeitura se centrou naquelas ocupações, que além de não terem a propriedade do imóvel, cumpriam o papel de contestação política sobre a função social da terra. A investida do Estado e seus métodos autoritários começa contra as ocupações urbanas Casarão Azul, Flor do Asfalto, Guerreiros do 234, Guerreiros do 510, Machado de Assis e Zumbi dos Palmares, dentre outras, todas na região central da cidade, expulsas ao longo desses anos.

No caso das remoções devido aos grandes projetos, a falta de transparência é o que, por muitas vezes, permite a agressão aos direitos dessas famílias desalojadas. Às vezes, uma aparente decisão técnica que justifique a remoção como utilidade pública poderia ter outra solução se debatida publicamente, como o caso dos projetos dos corredores viários que não tiveram seu planejamento devidamente discutido com a sociedade.

Em outubro de 2011, com a acentuação do processo de remoções, o poder municipal editou o Decreto 34.522/2011 que instituiu diretrizes para a demolição de edificações e realocação de moradores em assentamentos populares.

Segundo o decreto, o processo de reassentamento deveria basear-se nos seguintes preceitos:

- A participação da população beneficiada, em todas as etapas do processo, buscando soluções de consenso e o comprometimento de todos com o sucesso do projeto; e
- A real melhoria das condições de habitabilidade da população-objeto da intervenção, mediante a oferta de alternativas de realocação.

Uma vez apontadas para o reassentamento, as famílias deveriam ter a oportunidade de escolha entre as seguintes alternativas:

- Uma nova moradia no local, mediante a construção de unidades residenciais de bom padrão construtivo, quando previsto no projeto ou num empreendimento do programa Minha Casa Minha Vida ou similar;
- A indenização da benfeitoria;
- A compra de uma nova moradia, preferencialmente na própria comunidade, denominada compra assistida;
- Auxílio financeiro específico para liquidação antecipada do parcelamento do contrato de compra e venda de imóvel residencial celebrado conforme as regras do programa Minha Casa Minha Vida, quando autorizado pelo chefe do poder executivo e apenas para os casos de recolocação de famílias desabrigadas ou moradoras de área de risco;
- Pagamento de aluguel mensal no valor definido no Decreto 2.893, de 13 de abril de 2011[42], até o reassentamento definitivo em outra moradia.

Os dados da Gerência de Terras e Reassentamentos da Secretaria Municipal de Habitação apontam que dentre aqueles que tiveram seus imóveis removidos até abril de 2012, a maioria recebeu imediatamente o aluguel social de forma provisória para posterior reassentamento em um empreendimento enquadrado no programa Minha Casa Minha Vida.

42. O valor do aluguel social para 2012 era de R$ 400.

O Decreto 34.522/2011 também estipula parâmetros para estabelecer os valores das indenizações. Como não se trata da expropriação da moradia como um todo, visto que esses habitantes não possuem o título de propriedade do imóvel, a compensação financeira é calculada através da análise sobre as benfeitorias. Essa vistoria é baseada em uma tabela que estabelece o valor por metro quadrado das paredes, pisos e coberturas de acordo com o seu material.

Por tratar-se em sua grande maioria de casas em assentamentos precários, vulneráveis e de uma população com baixo poder aquisitivo, é natural que os revestimentos desses imóveis não sejam de grande valor de mercado. Ao mesmo tempo, a localização, fator mais importante na composição do preço de um imóvel, é praticamente ignorada. Esse componente, preponderante tanto pela instalação dessa família, quanto pela intervenção do Estado, é colocado à margem da negociação. Quando levado em conta, está relacionado diretamente à avaliação das benfeitorias, podendo acrescentar 80% à quantia destas. Em contrapartida, essa mesma estimativa pode também reduzir até 50% de acordo com a depreciação dos materiais do imóvel, não importando o custo, inclusive de trabalho empreendido pelo morador, mas a condição das benfeitorias, as quais serão demolidas instantes após o pacto.

De acordo com esses parâmetros, o valor dessa indenização não possibilita que o cidadão possa reconstruir sua casa em condições melhores em relação às quais se encontrava no momento do acordo. Segundo dados coletados pela SMH, as famílias que optaram por essa mediação financeira entre 2009 e junho de 2012 receberam em média R$ 28 mil, não sendo possível atingir o valor máximo estipulado pelo decreto, que é de R$ 62 mil.

Embora o Decreto 34.522/2011 possibilite acréscimo ao valor avaliado da benfeitoria caso o morador opte pela aquisição assistida de outro imóvel, apenas 16% dos quais foram notificados para remoção escolheram essa modalidade. O adicional, que pode variar entre 30% e 108%, não é suficiente para convencer os moradores. Devido ao baixo valor da avaliação, mesmo com o adicional, o morador encontre dificuldade de conseguir outro imóvel nas proximidades com esse preço. Quando encontra, ele muitas vezes não possui condições legais, deixando o morador novamente exposto ao risco de remoção. Uma vez vulneráveis, muitos ainda

CONTRAPARTIDAS OFERECIDAS PELA SMH ÀS FAMÍLIAS REMOVIDAS E SUA ADESÃO[43]

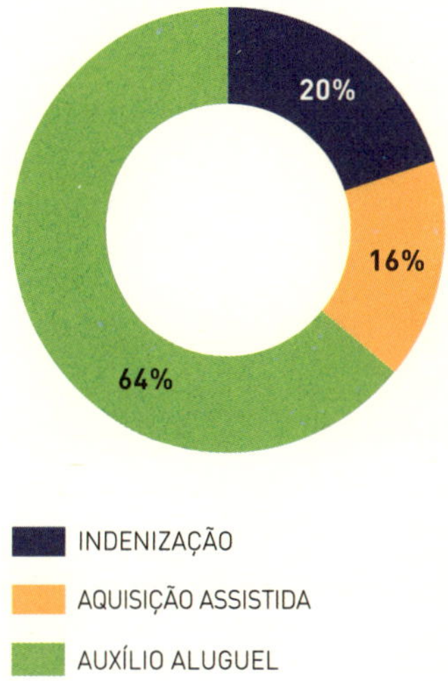

43. Gráfico elaborado pelo autor com base em dados coletados na Secretaria Municipal de Habitação em abril de 2012. Total de casas removidas: 10.621.

preferem receber a indenização mesmo sem o adicional, de forma mais desburocratizada, e com parte desses recursos reconstruir suas casas em áreas que também estão em situação de risco legal e geológico. Afinal, com a indenização média de R$ 28 mil é inviável a inserção dessa família no mercado imobiliário formal — que acaba por caracterizar a ineficácia dessa política em relação à proteção dessas pessoas.

Iludidos por uma oferta de melhores condições de moradia, 64% das famílias reassentadas optaram por receber o aluguel social de forma provisória até sua mudança para condomínios do programa Minha Casa Minha Vida. No entanto, a espera para o reassentamento em um condomínio do programa tende a ser bastante superior ao tempo de auxílio-aluguel, prolongando ainda mais a situação de vulnerabilidade da família, que deveria encontrar imóveis a um custo máximo de R$ 400.

De fato, por muitas vezes, as novas residências apresentam melhores condições de salubridade do que a residência anterior. De toda forma, já não são poucas as queixas e relatos de moradores de condomínios do Minha Casa Minha Vida no Rio de Janeiro e em outras cidades quanto à qualidade desses empreendimentos. Em pouco tempo de uso, muitas edificações já sofreram alagamento, apresentaram rachaduras e outras patologias da construção decorrentes do descaso e da busca pelo lucro máximo por parte das empreiteiras na execução dessas obras.

> Em Realengo, nos condomínios Ipê Branco e Amarelo, que receberam reassentados de obras em Madureira e Turiaçu, [...] já apareceram rachaduras e fissuras em todos os blocos, dentro e fora dos apartamentos. Segundo moradores, são incontáveis os remendos que a construtora Patrimar realizou para tentar contornar as fissuras.[44]

> O sonho da casa própria virou pesadelo para quem comprou apartamento no recém-inaugurado condomínio Engenho Life III, no bairro do Engenho da Rainha, na Zona Norte do Rio. Após a longa espera por conta do atraso na conclusão das obras, que para alguns passa de dois anos, os imóveis começaram a ser entregues em dezembro de 2013 com rachaduras, vergalhões à mostra e acabamento mal feito. Os mesmos problemas são visíveis na área comum do empreendimento da construtora Tenda, que atende ao programa 'Minha Casa Minha Vida', do governo federal.[45]

44. Jornal O Globo, 26 de março de 2013.

45. Jornal O Dia, 31 de janeiro de 2014.

Concebendo habitação como algo que transcende o espaço físico do apartamento, essas novas moradias deixam ainda mais a desejar. A maioria dos condomínios do Minha Casa Minha Vida não possui equipamentos e serviços nas suas imediações. Grande parte das famílias reassentadas saiu das regiões mais próximas ao seu trabalho e foi morar na Zona Oeste. O programa, uma promessa de inclusão social por meio de moradia adequada, se tornou, especialmente no Rio de Janeiro, instrumento de segregação espacial. A grande maioria (67%) das unidades do programa para baixa renda (até três salários mínimos por família) está localizada na Zona Oeste.

FAVELAS COM REMOÇÕES X EMPREENDIMENTOS DO MINHA CASA MINHA VIDA

FONTE: BASEADO EM INFORMAÇÕES DA GERÊNCIA DE TERRAS E REASSENTAMENTOS DA SMH (ABRIL DE 2012)

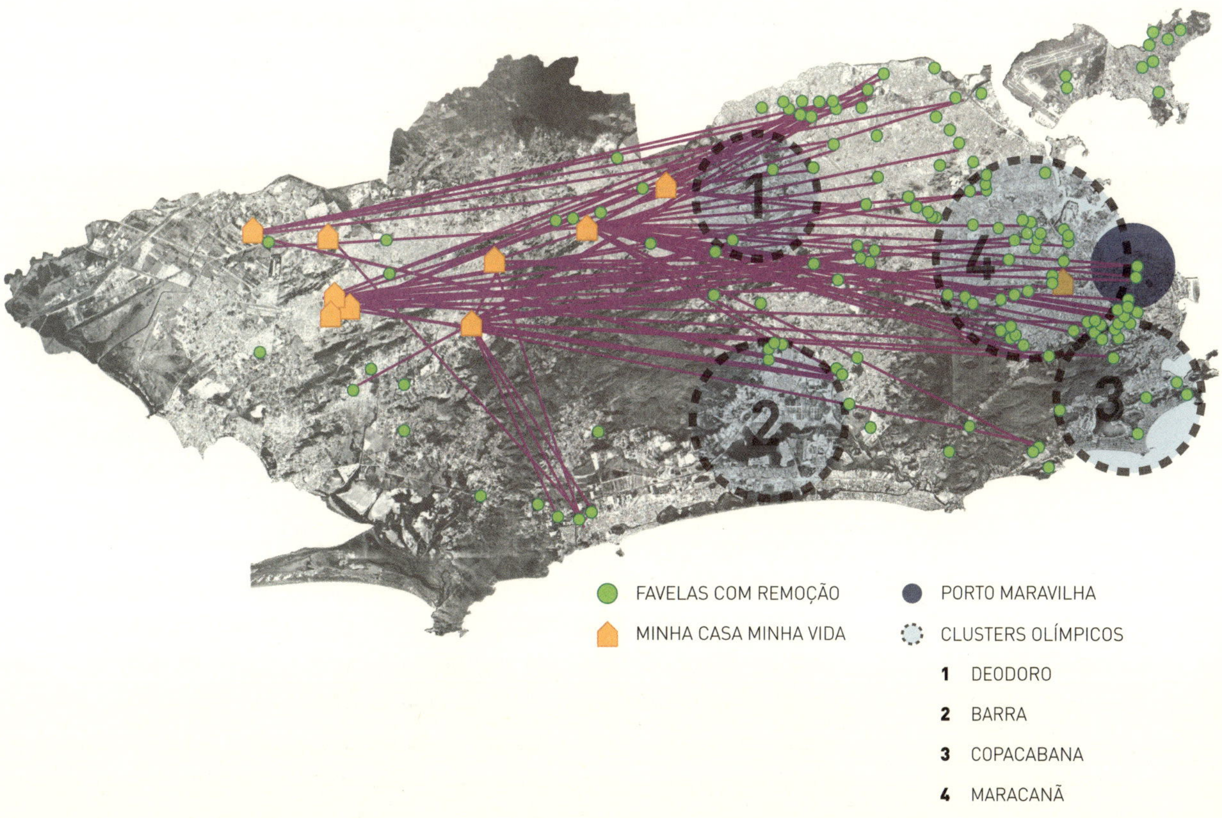

Coincidência ou não, essa área da cidade tem grande parte do seu território tomado por grupos milicianos que se utilizam do poder de intimação para cobrar taxas de serviços básicos à população, como luz, gás, transporte e, sobretudo, segurança. Dissimulados de líderes comunitários, os integrantes desses grupos participam ativamente da vida político-partidária do Rio de Janeiro, atuando nas subprefeituras, administrações regionais e até na Câmara de Vereadores. Mais presentes em áreas onde o Estado é mais ausente, como nos loteamentos irregulares e favelas, essa relação também se reproduz nos novos condomínios do Minha Casa Minha Vida na região.

MINHA CASA, MINHA VIDA JÁ ESTÁ SOB O DOMÍNIO DE MILÍCIA NA ZONA OESTE

A milícia chefiada pelo ex-PM Ricardo Teixeira da Cruz, o Batman, vem impondo a cobrança de 'taxas de segurança' a cerca de dez mil moradores de 2.709 imóveis em 11 conjuntos habitacionais do programa em Campo Grande, Cosmos e Realengo, na Zona Oeste do Rio.[46]

CONJUNTOS DA PREFEITURA EM SENADOR CAMARÁ VIRAM ALVO DE MILÍCIA

Famílias removidas de áreas de risco são assediadas para pagar taxa, em troca de proteção contra traficantes.[47]

MINHA CASA, MINHA MILÍCIA

Ex-moradores de áreas de risco que estão sendo removidos para conjuntos habitacionais do projeto 'Minha Casa Minha Vida' em Cosmos, Ferraz Vasconcelos, Paciência e Campo Grande, na Zona Oeste, estão sendo ameaçados pelas milícias que dominam a região.[48]

MILÍCIA LUCRA COM O MINHA CASA, MINHA VIDA

O crime vem sendo cometido sobre 2.709 imóveis em 11 conjuntos habitacionais, localizados em três bairros da Zona Oeste do Rio — região dominada por grupos paramilitares. No condomínio Ferrara, no bairro de Campo Grande, a milícia ocupou e vendeu 143 dos 262 apartamentos.[49]

Enraizados na política carioca, as milícias também cumprem o seu papel nessa reorganização do espaço urbano. A esses grupos não interessa uma população integrada ao restante da cidade. Através da intimidação, desempenham a função de silenciar uma camada da população que poderia apresentar descontentamento com a ausência de serviços fundamentais. Aqueles

46. Jornal O Globo, maio de 2011.
47. Jornal O Globo, maio de 2012.
48. Jornal Extra, abril de 2011.
49. Revista Veja, maio de 2011.

que poderiam representar uma insatisfação frente ao poder municipal, são coagidos de diversas maneiras, possibilitando a perpetuação deste projeto de cidade.

Além da função política, a marginalização territorial dessas famílias para a Zona Oeste serve também como forma de espraiamento urbano e valorização das demais áreas de planejamento da cidade, cumprindo parcialmente o papel estabelecido no Plano Diretor Municipal em vigor que indica aquela Macrozona para ocupação assistida.

São algumas diretrizes do Plano Diretor Municipal (Lei Complementar 111/2011) para a Macrozona de Ocupação Assistida:

1. **PRIORIZAR A MELHORIA DAS CONDIÇÕES DE OCUPAÇÃO, MEDIANTE O REFORÇO E AMPLIAÇÃO DE PROGRAMAS E INICIATIVAS TAIS COMO:**
   - implantação de subzonas de incentivo à produção de moradias regulares de interesse social;

2. **PROMOVER A MELHORIA NAS CONDIÇÕES DO AMBIENTE URBANO, MEDIANTE:**
   - reurbanização de áreas de interesse significativo;
   - promoção da regularização urbanística;
   - desenvolvimento de subcentros funcionais;

3. **PROMOVER MELHORIAS NAS CONDIÇÕES DE MOBILIDADE E ACESSIBILIDADE, MEDIANTE:**
   - reestruturação do sistema viário de circulação e de transporte público com prioridade para a criação de faixas exclusivas para transporte de alta capacidade nas vias estruturais, para a construção de terminais rodoviários de integração nas vias principais;
   - atendimento de todos os bairros por linhas de ônibus regulares;
   - melhoria da interligação viária entre os municípios do Rio de Janeiro e Itaguaí;
   - promoção da melhoria do transporte coletivo entre os bairros e a partir dos bairros para o centro da cidade;

O Plano Diretor, ao considerar que essa área da cidade necessita de assistência pública para a sua ocupação, reconhece que esse não é um lugar apropriado para o imediato reassentamento de famílias, visto que as melhorias nas condições do ambiente urbano, de mobilidade e acessibilidade ainda não foram efetivamente estabelecidas. O incentivo do poder público em promover a ocupação dessa zona da cidade serve aos interesses imobiliários e fundiários em todas as frentes. Os bairros que vêm recebendo esse grande contingente populacional são uma nova fronteira para a expansão do capital desse setor. Enquanto isso, os demais bairros que estão sofrendo uma desfavelização também estão se valorizando.

O programa federal Minha Casa Minha Vida em diversas cidades do país tem sido apropriado pelas empreiteiras e pelo mercado imobiliário de forma semelhante. A maioria dos empreendimentos, devido ao desinteresse econômico, não atinge a maior camada do déficit habitacional das cidades, isto é, famílias que recebem até três salários mínimos (0-3 SM). Grande parte da produção habitacional está voltada para a população que ganha entre três e dez salários mínimos. No Rio de Janeiro, como em outras cidades, quase a totalidade dessa produção de 0-3 SM está localizada na periferia da cidade e serve como estratégia de se criar um novo vetor de expansão urbana garantindo ainda mais lucro com novas fronteiras de investimento para o mercado imobiliário.

No caso do Rio de Janeiro, a prefeitura, em consonância com os interesses do setor imobiliário, demarcou a área prioritária para realização dos empreendimentos do Minha Casa Minha Vida em zonas da cidade mais desassistidas de serviços, que, portanto, ainda teriam uma margem de crescimento muito alto para o valor da terra no momento em que se venha promover investimentos públicos. No entanto, não contente com a demarcação já periférica da prefeitura, as empreiteiras buscam os maiores terrenos nas bordas dessa área prioritária, provocando ao mesmo tempo o esgarçamento da malha urbana e um custo mais oneroso para a realização de obras de infraestrutura, valorizando ainda mais os terrenos nas áreas intermediárias.

EMPREENDIMENTOS ENQUADRADOS NO MINHA CASA MINHA VIDA POR FAIXA SALARIAL

FONTE: BASEADO EM INFORMAÇÕES DA GERÊNCIA DE TERRAS E REASSENTAMENTOS DA SMH (ABRIL DE 2012)

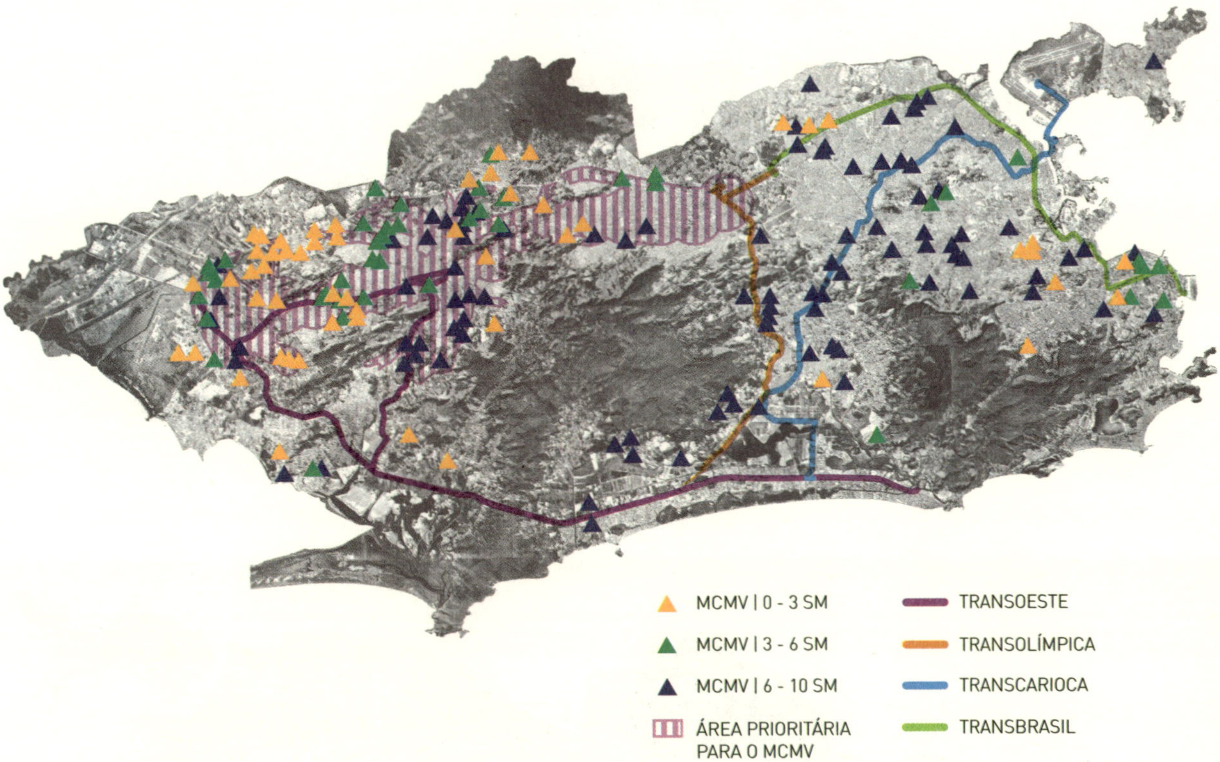

O Rio de Janeiro, que já possui um déficit habitacional de grande escala, de cerca de 220 mil[50] domicílios, ao invés de utilizar o programa Minha Casa Minha Vida para reduzi-lo consideravelmente, prefere retirar ainda mais moradias. Enquanto poderiam ser utilizados terrenos públicos em áreas centrais pra lidar com essa demanda, a prefeitura opta por deslocar os cidadãos pra zonas mais distantes dos polos geradores de emprego, representando um custo maior para o trabalhador e para o próprio setor público, que deverá investir mais fortemente em projetos de mobilidade.

50. Déficit Habitacional Municipal no Brasil 2010, Fundação João Pinheiro (2013).

EMPREGO X POPULAÇÃO POR ÁREA DE PLANEJAMENTO

FONTE: BASEADO NOS DADOS DA PUBLICAÇÃO "GESTÃO DE ALTO DESEMPENHO" (PREFEITURA DO RIO DE JANEIRO, 2012)

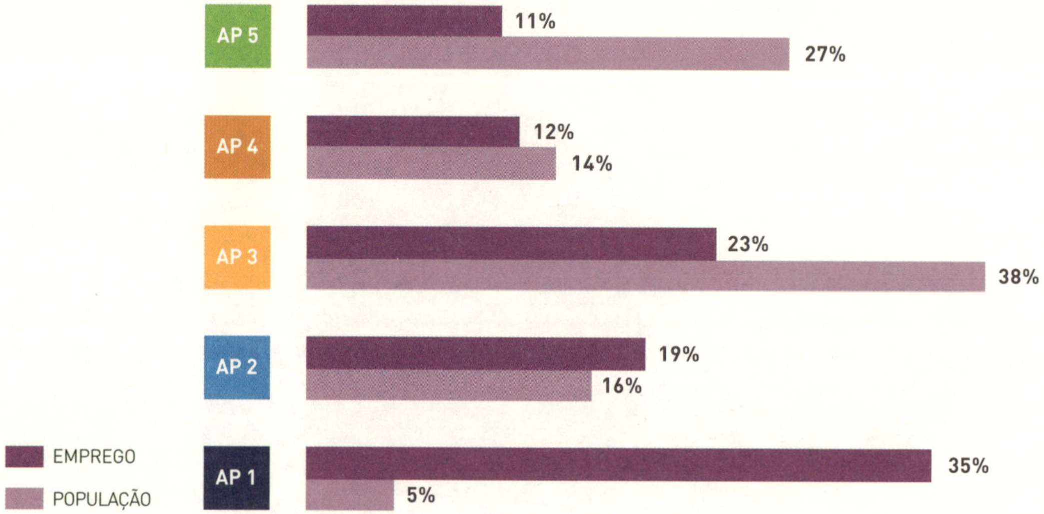

Como podemos perceber, a Área de Planejamento 5 já é a região que apresenta a maior distorção na relação entre a população residente e a oferta de emprego. Ao invés do governo promover a ocupação das áreas com mais postos de trabalho, uma política mais racional frente aos gastos excessivos de tempo e dinheiro empreendidos hoje pelo trabalhador em seu deslocamento diário, prefere oferecer moradia nas zonas mais afastadas.

Ciente de que essa escolha é um despropósito, o governo em sua propaganda prefere utilizar os poucos empreendimentos centrais como vitrine. São eles: o Bairro Carioca em Triagem, inaugurado às pressas antes da campanha de reeleição do prefeito, e os prédios localizados no antigo presídio Frei Caneca, o conjunto habitacional Zé Keti e Ismael Silva. Embora localizados em zonas mais centrais, muitas das críticas se repetem quanto à qualidade das construções e às possibilidades de ocupação. Mesmo bem inseridos na malha urbana, a tipologia de um megacondomínio exclusivo de residências tende a reafirmar a lógica de gueto. A impossibilidade da instalação de estabelecimentos comerciais também acaba prejudicando a própria permanência dos moradores, que ao longo do tempo devem arcar com as taxas de impostos, serviços e condomínio, que antes não pagavam.

A QUEBRA
DOS CONSENSOS

A POPULAÇÃO QUE NO PRIMEIRO momento concedia um grande apoio ao projeto de cidade que está sendo imposto, enxergando a valorização dos territórios como um belo avanço diante da imagem consagrada de crise, começa a se questionar a quem interessa esse processo. Enquanto o Rio de Janeiro vem sendo preparado com intervenções urbanísticas de grande porte para receber os megaeventos, no intuito de apresentar a cidade global, capaz de atrair o público e o investimento estrangeiro, os cidadãos estão percebendo que, ao invés de beneficiários, estão sendo vítimas desse projeto. Os altos custos voltados para a construção de equipamentos esportivos, ao mesmo tempo em que os serviços básicos estão sucateados, fazem ecoar nas ruas os gritos de insatisfação.

Não estamos falando da insatisfação somente daquelas famílias que foram brutalmente expulsas para dar espaço ao mercado imobiliário, mas também aqueles que se veem sem condições de arcar com um custo de vida cada vez mais inviável no Rio de Janeiro. As camadas mais pobres, dentro ou fora das favelas, e até a classe média estão sofrendo com a gentrificação.

Diante da pressão da população, o poder público se sentiu obrigado pela primeira vez a demonstrar alguma disposição ao diálogo junto às comunidades atingidas. Não é por acaso que o processo de "negociação" está em curso em favelas como Vila Autódromo, Providência, Horto e Indiana, com diferentes percalços e desfechos. Embora as negociações com a prefeitura não tenham significado grandes avanços, agora essa população saiu relativamente da invisibilidade e pode denunciar o ocorrido.

SOMOS
CIDADÃOS
NÃO AS
CHEGA DE
ENGANAÇÃO
ESSA OBRA NÃO
É PARA MORADOR

ESPAÇOS EM DISPUTA

Costuma-se afirmar que a cidade cresce de forma desordenada. Esta pesquisa buscou demonstrar o contrário: há uma forte articulação para a produção do espaço urbano do Rio de Janeiro. Apontando e espacializando a atuação do Estado em associação com os interesses do mercado, podemos desvelar quais são os instrumentos utilizados para o planejamento desta cidade neoliberal.

Colocar os megaeventos como protagonistas nesse processo se tornou resposta fácil. A Copa do Mundo 2014 ou os Jogos Olímpicos são apenas mais um dos elementos que vêm reforçar esse projeto de cidade. Colocar a FIFA ou o COI como os grandes vilões é negar o papel central dos promotores imobiliários locais e nacionais. Os eventos são meras justificativas que tentam legitimar qualquer ação de emergência por parte do Estado, e esta também é uma questão central que deve ser debatida. Mas, além desses órgãos internacionais, a quem serve esta cidade de exceção?

Identificar os agentes transformadores do espaço é um passo importante para a compreensão e crítica das dinâmicas urbanas e das lógicas que a orientam. Quem são a Odebrecht, OAS, Carioca Engenharia, Cyrela, Carvalho Hosken, Andrade Gutierrez, Camargo Corrêa e outros? Quem eles representam? Por que a cidade é produzida por e para essas empresas?

Coincidência ou não, essas companhias também figuram entre as maiores financiadoras de campanhas eleitorais em nível municipal, estadual e federal. Sob que interesses? Qual é a função do Estado nesse contexto? Por que a valorização e a especulação imobiliárias são metas a serem atingidas, como colocado pelo prefeito em entrevista?

> E hoje, [o porto] é o lugar da cidade onde mais tem especulação imobiliária, mais do que a Barra, e graças a Deus é assim.[51]

Ao invés do proclamado pelo neoliberalismo, o Estado atua como nunca. No modelo que pressupõe a exclusão das camadas mais pobres de partes da cidade como forma de valorização, verificou-se que a habitação é o direito frequentemente mais violado por meio das desapropriações e remoções. Nesse intuito, a Prefeitura do Rio de Janeiro conseguiu de-

51. Jornal O Globo, 18 de março de 2014.

monstrar que o instrumento de desapropriação, embora seja aparentemente um atentado à propriedade privada, princípio e conceito básico do sistema capitalista, pode ser também uma alternativa para uma atuação mais aguda em prol do mercado. O Estado, nesses anos, surge assumidamente como um forte indutor na produção de riquezas para determinados setores.

Foram mais de 20 mil casas removidas em cinco anos de governo. E ao que parece, o processo de reestruturação em curso deve reforçar o padrão centro-periferia com acentuação de uma descentralização que se expressa no processo de segregação, sem garantia de manutenção das estruturas ocupacionais para os moradores removidos, como resultado de uma série de políticas, programas e intervenções estruturantes. Ao mesmo tempo, a gentrificação entra cada vez mais no vocabulário carioca. Os deslocamentos compulsórios não são operados somente através do aparato repressivo estatal, mas também pelo mercado. São muitos os casos de famílias de classe média que, assim como as camadas mais vulneráveis socioeconomicamente, são obrigadas a se mudar daquela vizinhança de origem para zonas mais afastadas por não terem condições de arcar com o custo do aluguel.

Notadamente esta cidade excludente que se impõe sobre o cotidiano dos cidadãos, prejudicando a sua própria reprodução social, tem sofrido grandes abalos ao menos na construção simbólica. Os questionamentos crescem. As perguntas colocadas acima precisam ser respondidas. Desmontados os consensos, enxergando a cidade como uma arena de conflitos, devemos ocupar todos os espaços. Não querem nos deixar acreditar, mas eles ainda estão em disputa.

_Maria de Lourdes Lopes

(LURDINHA)

OCUPAÇÃO URBANA
MANOEL CONGO

O MOVIMENTO NACIONAL DE LUTA PELA MORADIA (MNLM) lida com os números de remoções como uma lógica, uma ideologia que potencializa a centralização de cidade autoritária. "A política de remoção, de concentração da terra, da cidade na mão de meia dúzia, está completamente acelerada, seja pelo imenso aporte de capital que o governo federal está fazendo no Rio de Janeiro nos dois últimos mandatos do Eduardo Paes e do Sérgio Cabral, seja pela oportunidade de eventos esportivos internacionais. Essa situação instituiu uma cidade fascista, onde a maioria não tem mobilidade, habitação, não existe o respeito às suas raízes, à sua identidade e as comunidades são arrancadas dos seus lugares de origem", analisa Maria de Lourdes Lopes, conhecida como Lurdinha, integrante do MNLM e do Conselho Nacional do Ministério das Cidades.

Esse deslocamento das favelas para as margens do território do município e o acúmulo da riqueza nas partes mais nobres da cidade têm ocorrido nos últimos anos não só via despejo forçado. Para Lurdinha, o que os pesquisadores chamam de "remoção branca" é "tão perversa" quanto a retirada de fato.

"A remoção do trator, a lágrima das crianças vendo quebrar as coisas são doídas. Mas a que remove a pessoa, a sua cabeça é também cruel. Não é só a situação financeira de que a pessoa tem que pagar mais contas, ou contas mais altas, mas a cabeça, é quando ela percebe que a sua comunidade mudou de *status* no mercado imobiliário. Então, a casa na favela, que antes se ele quisesse vender seria uns R$ 50 mil, hoje foi pra R$ 200 mil. Isso, na cabeça do pobre (e falo isso porque sou pobre), que deixou de cuidar dos dentes porque não tinha dinheiro, que deixou de fazer os exames dos filhos, a cirurgia da filha porque não tinha dinheiro, que deixou de fazer uma faculdade... Quando vem a cifra falada, ele enlouquece. Ele pensa: eu vou vender, porque vou resolver todos os meus problemas e ainda vou morar num pedacinho de puxadinho lá na Zona Oeste, no Minha Casa Minha Vida. É essa ilusão que se planta na cabeça das pessoas, que plantou no Santa Marta, no Cantagalo", ilustra.

Para ela, a expulsão dos trabalhadores para a Zona Oeste da cidade tem uma motivação clara: "Pra onde vai o povo que eles não querem que os ricos vejam? Pro mesmo lugar onde está a maioria da classe trabalhadora que grita e a gente não escuta — no máximo, a gente paga para manter uma milícia pra manter esse povo calado. Esse povo vai em bloco pra Zona Oeste, pra precarizar ainda mais a questão estrutural de lá. Casas mal feitas, em locais de acesso complicado, assim como a mobilidade, saneamento, tudo difícil", relata.

Lurdinha diz que os prédios habitacionais de Triagem (520 apartamentos) e do antigo presídio Frei Caneca, no Estácio, que foi implodido para abrigar dois condomínios e um total de 998 unidades do Minha Casa Minha Vida, com investimentos de R$ 62,8 milhões do governo federal, não abrigam nem 1% das vítimas de despejo forçado no Rio de Janeiro e servem apenas como vitrine.

"Os trabalhadores jogados na Zona Oeste vão se juntar aos novos degredados. Em vez de propiciar os direitos da Zona Oeste que foram negados, vão levar mais milhares. Pegam um monte que estava onde não deveria estar, na cabeça dessa cidade capitalista, e entulham lá. Jogam lá. Aí, eles pensam: 'ainda tem alguns que vão gritar e chegar à mídia. O que a gente faz? Faz uma propaganda. Toda vez que eles gritarem pelos 80 mil de lá, a gente mostra pra mídia os mil de cá'. Daí, eles elegeram Triagem e o Frei Caneca como vitrine. Vai ver como é administrado Triagem. Todo dia tem denúncia e reclamação: é inundação, rachaduras. Como se coleta lixo e se acompanha aquilo lá? São dois espelhos e os dois estão rachados. Mesmo Frei Caneca, que deve ter perto de mil moradias, quem foi visitar disse que a qualidade não é boa. De Triagem posso garantir que é de péssima qualidade, tudo feito a toque de caixa. Já o antigo presídio Frei Caneca, tentamos, as quatro entidades do movimento popular nacional, para que pudéssemos pelo menos fazer um foco de luta, mas não conseguimos nem saber até hoje quem vai pra lá."[52]

Santa Marta, Vidigal e outras tantas comunidades populares se transformaram em objeto de desejo da classe média. A integrante do MNLM diz que o perfil desses lugares hoje é totalmente diferente de quatro anos atrás.

"Muita gente saiu, fez puxado pra alugar e muita gente vendeu e muita classe média subiu. 'Ah que bom que misturou'. Não! Isso é péssimo, porque excluiu do direito à moradia, das raízes, por esse assédio nojento do capital: 'vende teu rim que eu pago caro'. Essa coisa perver-

> "Pra onde vai o povo que eles não querem que os ricos vejam? Pro mesmo lugar onde está a maioria da classe trabalhadora que grita e a gente não escuta — no máximo, a gente paga para manter uma milícia pra manter esse povo calado."

52. Através do programa Minha Casa Minha Vida, a prefeitura construiu o conjunto habitacional Zé Keti e Ismael Silva, no bairro do Estácio, na área do antigo presídio Frei Caneca. A obra foi concluída após a entrevista com Lurdinha.

sa de você tirar as condições da comunidade permanecer, tirando o comércio local, dizendo que só pode morar — é uma luta pra garantir a manutenção dos comércios e da vida do povo da comunidade naquela maneira informal de ser. Todos os gatos e os bicos que a comunidade tinha foram transformados em política formal, que tem custo, mas a vida da comunidade, a ampliação de seu horizonte financeiro só vai se dar se ele vender o local. A sociedade não mudou, o sistema é capitalista."

Um dos muitos exemplos de como a alta dos serviços torna quase impossível a permanência dos antigos moradores de favela foi a ação movida pelo Ministério Público do Rio contra a Light, a pedido de Vigário Geral, em 2012. Nos lugares onde a UPP e o PAC entram a empresa de energia tem substituído os medidores tradicionais pela chamada rede blindada. Os novos medidores, com *chip* eletrônico, ficam armazenados no alto de um poste, junto aos medidores das residências vizinhas e protegidos numa caixa. As informações são processadas e enviadas separadamente para o Centro de Controle da Medição, conforme explicação da Light. Esse sistema blindado faz ainda com que a rede de toda uma rua caia quando é instalado um gato de luz, o que tem causado muitos transtornos em vários locais, com apagões que duram horas. A reclamação de Vigário Geral foi motivada porque, após a troca dos aparelhos, a conta subiu 803%. O MP pedia na ação que voltassem os medidores antigos, instalados nas casas e controlados por seus proprietários.

Esse tipo de situação, de acordo com Lurdinha, não é aleatória. Faz parte de uma estratégia governamental para que os moradores originais percebam que "estão em um lugar errado". As dificuldades de regularização fundiária nas comunidades, mesmo tendo amparo constitucional para isso, desapareceram para os novos habitantes.

A facilidade veio por meio de um projeto enviado pelo governo estadual para a Assembleia Legislativa. A Lei Complementar 131 e a Emenda Constitucional 42, ambas de 2009, permitiram a doação de bens públicos a particulares, apenas para efeito de titulação social. A nova regra ampliou a regularização fundiária no estado, já que antes a ação era feita apenas por concessão de uso.

"Isso é tão planejado que o governo já tinha instrumento de regularização fundiária, que era a Concessão de Uso Especial para Moradia, Concessão de Direito Real de Uso, só que esses instrumentos eram considerados precários, obstáculos para a venda. O que o governo fez? Mandou um projeto de lei para a Assembleia para instituir um novo mecanismo de doação, porque doação é titulação plena. Eu recebo em doação, sou proprietária e posso vender. O argumento da associação do setor imobiliário nos vários debates era esse: 'Eles vão receber em doação, sim, porque têm o direito de serem incluídos no mercado imobiliário e se amanhã ou depois, tendo recebido em doação, se eles quiserem vender, eles podem'. Então, foi assim, todo o cenário criado para o Santa Marta, o Cantagalo, Chapéu Mangueira não serem da classe trabalhadora. É para onde vão as UPPs agora na Tijuca e todo esse plano de valorização imobiliária e expulsão gradativa das famílias. Todos esses lugares, daqui a pouquíssimos anos, não serão os mesmos de hoje, assim como o Santa Marta, o Cantagalo e o Chapéu Mangueira não são mais", afirma.

Lurdinha admite a dificuldade da luta contra a remoção nos últimos anos. "A nossa bandeira pela democratização da cidade está muito mais complicada nessa última década. Antes nós tínhamos inimigos claros, com lógicas claras, não tinha vaselina. É isso, Cesar Maia é inimigo da democratização da cidade, governo estadual, federal, FHC, PSDB... os inimigos eram claros. Agora, todos nós somos inimigos. Nos últimos dez anos estamos dormindo com o inimigo. Ninguém pode falar nada, senão é oposicionista, mas em compensação tem uma lógica que a gente constituiu nas últimas décadas de avanço social da classe trabalhadora, que às vezes não é compreendida e muito menos aceita. Nós estamos num mato sem cachorro nesse momento."

O alinhamento de todos os entes federativos nas obras dos megaeventos e do PAC retirou o lugar do diálogo com os movimentos sociais. "Temos que conseguir juntar uma meia dúzia que consegue afirmar os mesmos valores com compromissos de dez anos atrás, que não se rendeu à facilidade da reprodução do poder para a reprodução do caos capitalista, se juntar pra fazer denúncias cada vez mais sistematizadas, que guarde relação cada vez mais clara com a realidade do povo e conseguir estar na base para dizer: 'Vocês não são obrigados a morrer só porque quem tá matando era amigo'. Não tem que aceitar ser removido só porque o vice-prefeito, Adilson Pires, era morador da Vila Aliança — que é uma comunidade pobre de Bangu. Isso não dá o direito a ele de querer me remover e eu não xingar. Pelo contrário, se eu estou vendo que o valor que ele assumiu é um valor que derrota a vida, isso tem que me tornar mais convicta do valor que eu gritava há dez anos."

Para Lurdinha, a classe trabalhadora do Rio de Janeiro está pagando muito caro o fato de ser sede da Copa do Mundo e das Olimpíadas de 2016. O censo do IBGE de 2010 coloca a capital carioca como a maior em população de favelas, 1.393.314 moradores, ou 22,03% do total de habitantes.

"Quanto mais o poder chega à conclusão que existe grande camada da população na informalidade e, por isso, completamente fora do controle repressivo estatal, mais fomenta no poder a ideia de se militarizar, de se armar para ir controlar esses 'estranhos'. Tem que ter UPP, muita polícia pra controlar o dia-a-dia, o cotidiano, o psicológico desses dois milhões de estranhos. No Rio de Janeiro, nós somos dois milhões de estranhos. Avança a militarização, o dinheiro no bolso das empresas, avança a remoção e a limpeza das comunidades para a Zona Oeste — e não é pra degradar a Zona Oeste, que tem milhares de companheiros e companheiras que moram lá sem água, gastando três horas de deslocamento, com problema de esgoto, refém da milícia, do esquecimento. Quem é que vai ouvir o grito desse povo, dessas dezenas de milhares de famílias que foram tiradas das diversas comunidades da cidade do Rio e jogadas lá? Quem vai ouvir?"

A despeito de toda dificuldade na luta pelo direito à moradia, as comunidades sob ameaça de remoção ou já removidas têm um movimento de apoio solidário umas às outras e contam também com o próprio MNLM e várias organizações da sociedade civil.

"Quando a gente pega casos emblemáticos, a gente diz: se tivermos essas vitórias pragmáticas, pelo menos vamos continuar mantendo na pauta a defesa da vida, da identidade, da moradia e da cidade. Podemos até não alcançar, mas vamos manter na pauta. Segurar uma comunidade que seja, pra nós, significa manter a vida na pauta."

_Jorge Santos Oliveira

VILA RECREIO II

QUATRO COMUNIDADES FORAM REMOVIDAS para dar lugar ao BRT Transoeste, ligando a Barra da Tijuca a Santa Cruz e Campo Grande, Zona Oeste do Rio de Janeiro. A pressão da prefeitura para retirada das famílias na região do Recreio dos Bandeirantes e Vargem Grande começou em 2009. Em 2010, as comunidades já não existiam. A exceção ficou por conta de pouco mais de dez dos 235 moradores da Vila Recreio II.

"Desse trecho aqui foram retiradas mais de 480 famílias, que incluía as Vilas Recreio II e Harmonia (120 núcleos familiares), Restinga (80 famílias e 34 estabelecimentos comerciais) e mais um pedacinho chamado Notre Dame. Além desse total, foram removidas mais de 150 pessoas com problemas psiquiátricos, que ficavam na Fazenda Modelo (Estrada Matriz, em Guaratiba), um lugar abandonado pelo poder público há muitos anos e com infraestrutura precária", conta o jardineiro Jorge Santos Oliveira, o último a ter seu imóvel derrubado na região, na Vila Recreio II. Ele resolveu resistir, mas mudou a família de lugar, montou praticamente outra casa em Taboinhas, em Vargem Grande, outra comunidade, com 400 famílias, sob ameaça de remoção.

Segundo Jorge, os moradores desses locais extintos foram transferidos, em sua maioria para condomínios do Minha Casa Minha Vida em Campo Grande, na Estrada do Caboclo, incluindo os pacientes da antiga Fazenda Modelo.

Ali onde existia parte das 235 casas da Vila Recreio II, às margens do final da Avenida das Américas, em frente à estação Pontal do BRT, o mato cresce sobre entulhos. A comunidade se espalhava entre as duas margens da pista. Interessante notar que a Prefeitura do Rio de Janeiro dava dois nomes para a comunidade: Vila Amoedo, onde fica um imenso empreendimento comercial de material de construção com o mesmo nome e privilegiado com a obra, e Vila Recreio II, embora os moradores reconhecessem somente a última designação.

A remoção foi justificada em função da ampliação da via, mas a obra no final não ocupou nem 60% do terreno onde ficava a Vila Recreio II. Virou contorno e estacionamento da loja de material de construção. O retorno, ligando um lado ao outro da pista e que também dá acesso a Grumari pela Estrada do Pontal, favoreceu o empresário,

"A remoção foi justificada em função da ampliação da via, mas a obra no final não ocupou nem 60% do terreno onde ficava a Vila Recreio II. Virou contorno e estacionamento da loja de material de construção."

que ganhou de presente também todo asfaltamento de cerca de um quilômetro em frente ao estabelecimento, onde antes existia apenas chão batido. Pelo caminho que vai dar na avenida novamente, ainda restam alguns sítios precários, com cerca de mil metros quadrados, pertencentes aos primeiros moradores da região. Difícil saber até quando vão conseguir ficar. Ao lado, casas parcial ou totalmente destruídas indicam o avanço das remoções.

Famílias com 20, 30 anos de moradia onde antigamente parecia outra cidade, de tão distante de tudo, foram retiradas à força pela Prefeitura do Rio de Janeiro, em 10 de dezembro de 2010, ironicamente o Dia Internacional de Direitos Humanos. O argumento do município era que necessitava da área para alargar a via para o BRT da chamada Transoeste. A maioria das moradias sucumbiu aos tratores e aos caminhões da Comlurb, usados para destruir, retirar e jogar no lixo os móveis de quem ignorou as ameaças dos agentes públicos e funcionários da empreiteira da obra.

Entre os moradores, 17 famílias resistiram ainda mais um ano no local, caminhando e vivendo entre escombros naquilo que um dia foi uma comunidade, com suas ruas de terra, postes, árvores plantadas. Uma pequena vila construída com esforço por uma gente que não tinha como pagar aluguel e escolheu um lugar onde não vivia ninguém, no caminho para Guaratiba.

Era a segunda vez que o jardineiro Jorge Santos Oliveira, um capixaba de São José do Calçado, quase divisa com o Rio, voltava à capital carioca. Corria o ano de 1994. O Brasil havia conseguido o tetracampeonato, a moeda brasileira passava a ser o Real e ajudava o então ministro da Fazenda do governo Itamar Franco, Fernando Henrique Cardoso, a ser eleito presidente da República. O jardineiro tentou viver em casas alugadas na região do Recreio dos Bandeirantes, mas o salário não era suficiente. Meses depois, mudou-se para a Vila Recreio II, onde passou com a família 16 anos de sua vida. Construiu ali o seu imóvel, fez melhorias ao longo do tempo.

"A perturbação começou em julho de 2009. A prefeitura dizia que a gente tinha que sair porque iriam alargar a avenida e colocar um corredor de BRT. Eu não concordei, mas para segurança da minha família aluguei um outro lugar e resolvi resistir. Minha filha decidiu ficar comigo. A minha casa, que foi a última a ser derrubada, foi demolida em agosto de 2012. Eu e 16 famílias ficamos um ano a mais que os outros (os removidos em dezembro de 2010). Depois, isso diminuiu. Ficamos em 11 moradores por 16 meses, e, por fim, a minha casa ainda resistiu outros 90 dias", lembra.

Além dos entulhos das demolições de 2010 não retirados, ele e a filha viveram esse tempo todo com água dentro de casa, elevando o piso cada dia mais para fugir da inundação permanente. As obras da empreiteira da Transoeste (o BRT foi feito em lotes pela Odebrecht e a Sanerio Construções) fecharam a passagem de esgoto da vila e o impacto da construção naquela área fez verter água do solo. Tudo isso misturado à água da chuva, empoçada também pelos restos de demolição.

Naquele sábado, 13 de agosto de 2012, quando os tratores chegaram para derrubar seu imóvel, Jorge estava em um debate na Fiocruz. Amigos passaram pelo lugar e telefonaram. A distância e a ansiedade das máquinas para destruir o derradeiro símbolo de resistência fizeram com que ele encontrasse só ruínas. Todos seus móveis e eletrodomésticos — parte da sua história — foi ali soterrada.

Agentes da prefeitura arrombaram a casa, colocaram na rua os 110 livros que estavam na residência do jardineiro e atearam fogo. "Eu juntava livros para doar para igrejas, associações, escolas que quisessem fazer bibliotecas para crianças e adolescentes. Pra que fazer isso? Tanta criança precisando de livro e eles queimam", lamentou. Do acervo só restaram duas páginas parcialmente queimadas, encontradas em meio aos escombros. Uma relíquia que o jardineiro guarda envolta em um plástico, dentro da carteira, como se fosse um retrato temporal do Rio de Janeiro.

"A minha remoção foi a mais brutal ignorância, coisa que não acreditava nem que existia. Primeiro foi a pressão psicológica, o terrorismo, como eles estão fazendo hoje com a Vila Autódromo. Como a Vila Recreio não tinha uma organização, isso bateu mais forte na nossa cabeça. Era muita ameaça, ameaça física mesmo. Seguranças da construtora passeando por dentro da comunidade falando besteira, que eu era doido e que certamente tinham partidos políticos me

> “ Foi terrível, no final já vieram com aquele monte de caminhão de lixo da Comlurb, pegaram as pessoas que resistiram à força e jogaram as coisas delas dentro do caminhão e disseram: ‘Ou vai pras casinhas, ou pro depósito’.”

mantendo e que de repente tinha casa e apartamento em outro lugar — o que nunca tive, assim como nunca fui de partido político. Mas eles falavam e as pessoas acreditavam. Você convive com a comunidade durante mais de dez anos, aí vem essa gente de fora, fala duas palavras e eles acreditam mais nessas pessoas.”

Passados quatro anos após as primeiras remoções, o jardineiro ainda lembra como foi a expulsão da maior parte da comunidade em 2010. “Foi terrível, no final já vieram com aquele monte de caminhão de lixo da Comlurb, pegaram as pessoas que resistiram à força e jogaram as coisas delas dentro do caminhão e disseram: ‘Ou vai pras casinhas, ou pro depósito’.”

Jorge chama de casinhas três condomínios do Minha Casa Minha Vida, na Estrada do Caboclo, em Campo Grande, com três blocos e 810 unidades. Esses prédios chegaram a ser invadidos por milicianos, que os revenderam para outros. Em maio de 2011, a Caixa Econômica Federal e o município do Rio de Janeiro entraram com uma ação e conseguiram liminar de reintegração de posse.

Início de 2014. A Avenida das Américas já devidamente ampliada. Em frente ao local onde era a Vila Recreio II, se enxerga a estação de BRT do Pontal e o novo túnel da Grota Funda, ligando o Recreio dos Bandeirantes a Guaratiba. “Você vai ver que mais de 60% do terreno não foram utilizados. Tá lá, cheio de entulho. Então, não foi para ampliação de pista, já que não ocupou o espaço. Há 15 anos, falavam que isso aqui era o fim do mundo. Hoje, todas as comunidades da Baixada de Jacarepaguá estão em terrenos que se valorizaram muito. O terreno aqui vale de R$ 10 mil a R$ 25 mil o metro quadrado. As remoções são para favorecer a especulação imobiliária”, avalia o jardineiro.

Após ter a casa demolida, Jorge entrou na justiça para ser indenizado pelo município. Passado mais de um ano, o judiciário ordenou o pagamento de R$ 14 mil, valor que não dá nem para comprar um terreno.

A falta de indenização para as famílias (grande parte dos moradores da Vila Harmonia e Restinga não recebeu nada), a desintegração da sociabilidade coletiva, as doenças causadas pelas remoções forçadas e a solidariedade a outras favelas em risco: esses e vários outros temas têm sido debatidos por essas comunidades extintas, que montaram a Comissão dos Atingidos pela Transoeste. "Ninguém consegue interromper a construção dos pensamentos, só liderá-la". A frase está em uma das duas páginas do que sobrou da casa de Jorge. Virou sina, destino.

REMOÇÕES E SAÚDE

Depressão, estresse. Pessoas têm uma rotina, um convívio social e familiar, e esses laços são rompidos com os despejos forçados. O recomeçar e se reconhecer em um grupo diferente do que se acostumou a viver, a incerteza quanto ao futuro, as dificuldades financeiras, dentre outras, causam muitos problemas de saúde, ainda não mapeados nesse processo de remoção recente. Não é raro ouvir que moradores despejados morreram de problemas cardíacos ou de Acidente Vascular Cerebral (AVC).

"Até hoje, tem gente nossa morrendo, porque a pressão subiu, ficou fora de controle. Já morreram umas seis pessoas de hipertensão e infarto. A remoção desestruturou famílias. Teve uma mãe que foi pra Campo Grande e a menina não quis ir e foi morar em outro lugar, separação de casais por divergências. Uma senhorinha que morava com uma filha em uma casa boa, térrea, na Vila Recreio II, que devia valer uns R$ 100 mil, morreu 29 dias depois de ser removida. Pra onde elas foram levadas tinha degraus. A idosa não estava acostumada com escada, perdeu o equilíbrio, caiu, bateu a cabeça e morreu", conta Jorge Santos de Oliveira.

A morte é simbólica e real.

_Altair Guimarães e Jane Nascimento

VILA AUTÓDROMO

VILA AUTÓDROMO TEM 11 RUAS, abertas pelos próprios moradores. Os nomes foram eles que deram. As placas das vias são feitas à mão, como a da rua Gilles Villeneuve, manuscrita em cima de uma chapa de aço pintada de branco e afixada com arrebite na beira de uma das moradias. O horizonte é largo. Nada de estreiteza no caminho de chão batido e casas arborizadas. A comunidade, símbolo da resistência às remoções, que há mais de 20 anos consegue impedir o avanço dos tratores, passa por um dos momentos mais difíceis da sua história. A

Vila Autódromo, além de receber a Medalha Jorge Careli de Direitos Humanos, do Sindicato dos Trabalhadores da Fiocruz, em 2013, foi contemplada com US$ 60 mil, no final desse mesmo ano, por ter apresentado, entre 170 concorrentes, o melhor projeto de urbanização popular — um trabalho feito em parceria com o IPPUR/UFRJ e a UFF —, no prêmio internacional *Urban Age Award*, do Deutsche Bank e da London School of Economics. Mesmo com reconhecimento internacional, a Prefeitura do Rio de Janeiro aumentou a pressão pela remoção total.

A vida nunca foi fácil nesse lugar, objeto da cobiça imobiliária, espremido entre o novo Parque Olímpico (antigo autódromo Nelson Piquet) e a Lagoa de Jacarepaguá, na Barra da Tijuca, e entrave para a construção de condomínios de classe média, projetados pela construtora Carvalho Hosken, com apoio do município. No final de março de 2014, numa decisão controversa, o defensor público geral, Nilson Bruno, derrubou a liminar expedida dias antes pela desembargadora Teresa de Andrade Castro Neves, da 6ª Câmara Cível do TJ-RJ. A determinação judicial proibia a Prefeitura do Rio de realizar demolições na Vila Autódromo até que apresentasse documentos sobre o projeto de urbanização da área para os moradores que decidiram permanecer no local.

No dia seguinte à decisão de Nilson Bruno, as máquinas do município já estavam iniciando a demolição das primeiras 200 casas e comércios que foram negociadas por indenizações e apartamentos no Parque Carioca (na Estrada dos Bandeirantes). As duas dezenas de proprietários que aceitaram negociar com a prefeitura representam 32% do total de 621 famílias existentes na comunidade. Ainda assim, abre um perigoso precedente de pressão sobre os que decidiram ficar e enfrentar o constante assédio do município.

"É a primeira vez que vejo uma situação igual a esta: defensores do Núcleo de Terras e Habitação ingressam com medida judicial, protegem a comunidade com uma liminar, e o defensor público geral consegue a revogação da medida, alegadamente para o interesse de alguns comunitários. É algo estranho no mundo jurídico. E chama a atenção a rapidez com que se destroem as construções existentes. Acredito em uma nova luta judicial a partir de agora." A opinião é do procurador de Justiça Leonardo de Souza Chaves.

A determinação em remover a Vila Autódromo é antiga.

"Na época [1993] do prefeito Cesar Maia, o Eduardo Paes [atual prefeito] veio pessoalmente em cima do trator para derrubar a comunidade. Os moradores deitaram na pista, com crianças e mulheres, e a máquina não pôde passar. Apesar da lenda dizer que ele jurou remover a Vila Autódromo a qualquer custo, não acredito que isso seja vaidade pessoal, embora ele seja extremamente vaidoso. O que está em jogo é o interesse de três grandes empreiteiras [Carvalho Hosken, Andrade Gutierrez e Odebrecht]. Cerca de 75% da área do autódromo estão destinadas à especulação imobiliária. Qualquer empreendedor que fosse construir, edificar alguma coisa ao lado de comunidade, certamente se tivesse a chance de retirar, ia gastar dinheiro para tirar. E é isso que eles estão fazendo. Investindo muito dinheiro. Tenho certeza que isso não é dinheiro público", afirma Altair Antunes Guimarães, de 59 anos, presidente da Associação de Moradores, Pescadores e Amigos da Vila Autódromo (Ampava).

O presidente da Ampava sabe como se dá o processo de despejo. Passou por outros dois. Na década de 1960, aos 14 anos, ele e a família foram retirados da Ilha dos Caiçaras, às margens da Lagoa Rodrigo de Freitas, na Zona Sul do Rio. "No governo do Lacerda, tinha a Ilha das Dragas e dos Caiçaras. Nós morávamos na Ilha dos Caiçaras. Mandaram minha família pra Cidade de Deus, num caminhão de mudança, em um lugar sem estrutura nenhuma, para embelezar a Lagoa Rodrigo de Freitas. Hoje você tem mais chance de lutar. É diferente da época da ditadura, com o governador Carlos Lacerda [ainda no Estado da Guanabara] e Sandra Cavalcanti [secretária de Serviços Sociais entre 1960-1965], você não podia espernear pra lado nenhum, e assim nos jogaram na Cidade de Deus."

Em 1992, Altair passou pela sua segunda remoção. "Fomos retirados da Cidade de Deus, pelo Cesar Maia, para a construção da Linha Amarela". Para ele, a motivação das remoções forçadas do passado e de hoje são as mesmas: "É a ganância, o dinheiro. O que eles querem fazer? Certamente, eles querem fazer na nossa lagoa [de Jacarepaguá] o que fizeram com a Rodrigo de Freitas, colocar pedalinho, fazer uma ciclovia em volta, enfeitar o pavão pros condomínios. E querem tirar mais de 500 famílias, sua identidade, convivência para isso."

"No governo do Lacerda, tinha a Ilha das Dragas e dos Caiçaras. Nós morávamos na Ilha dos Caiçaras. Mandaram minha família pra Cidade de Deus, num caminhão de mudança, em um lugar sem estrutura nenhuma, para embelezar a Lagoa Rodrigo de Freitas. Hoje você tem mais chance de lutar. É diferente da época da ditadura (...)"

A artesã Jane Nascimento, vice-presidente da associação, lembra que há anos o município tenta, com todos os artifícios, remover a comunidade do local. "Enfrentamos várias situações, como no caso de uma pista que ia passar aqui em cima, o arco da Transolímpica, e depois, quando eles quiseram transformar a Vila Autódromo num centro de mídia. Depois, mudavam as justificativas, alegavam que iam fazer tantas outras coisas e nós superamos. Hoje, chegamos a uma situação que a luta mostrou-se mais forte, as pessoas resistiram e o governo, vendo que não tinha outra forma de retirar, tem tentado ludibriar os moradores, um a um, fazendo oferta de dinheiro, querendo pagar quatro mil e pouco o metro quadrado, coisa que não é viável para o município."

Até a conquista do Parque Carioca, construção do Minha Casa Minha Vida na Estrada dos Bandeirantes, a menos de dois quilômetros da Vila Autódromo, é resultado da luta da comunidade, considerando que a prefeitura tem colocado os removidos de várias favelas na cidade em condomínios populares em Santa Cruz ou Campo Grande.

"O mais interessante é que Vila Autódromo foi uma das comunidades que mais fez a luta pelo direito à moradia. A gente conquistou, com base no artigo 429 [Lei Orgânica do Município, que impede remoções de comunidades para além de um quilômetro de distância do local original], a construção do Parque Carioca aqui perto. Isso é uma vitória, porque o governo sempre joga as pessoas para muito longe, fazendo com que os moradores perdessem escola dos filhos, trabalho. Conseguimos a conquista desses apartamentos aqui perto como opção para os que queriam negociar com a prefeitura."

Vila Autódromo é um caso à parte. Isto porque a comunidade detém dois títulos de concessão, um deles emitido pelo governo estadual na gestão de Leonel Brizola, que garante o direito à terra, conforme informação constante no Portal Popular da Copa: "Em 1989, foram assentadas na área várias famílias oriundas da comunidade Cardoso Fontes. Em 1994, a antiga Secretaria da Habitação e Assuntos Fundiários do Rio de Janeiro assentou legalmente mais 60 famílias. Em 1997, 104 receberam titulação do governo do Estado. No ano seguinte, os moradores da faixa marginal da lagoa receberam a Concessão de Uso Real, válida por 99 anos, da antiga Secretaria da Habitação e Assuntos Fundiários do Rio de Janeiro, publicada no D.O. de 31/12/98. Em 2005, a Câmara Municipal do Rio de Janeiro decretou parte da comunidade Área de Especial Interesse Social, por meio da Lei Complementar nº 74/2005".

"Isso aqui é posse, as pessoas conquistaram a posse e elas têm o direito de ter tudo legalizado e urbanizado, porque têm título. Temos todo o direito conquistado pra estar aqui", diz Jane Nascimento.

As formas de pressionar a comunidade não diferem de outros locais que viraram alvo de despejo forçado. Eduardo Paes só recuou durante as manifestações de junho de 2013, quando milhares de pessoas em todo o país saíram às ruas para protestar e exigir direitos.

"Quando o povo ocupou a frente da casa do Eduardo Paes, ele chamou a gente para uma conversa. Disse que ia zerar tudo, que parte da Vila Autódromo seria asfaltada, a parte que estivesse na área afetada e quisesse vir para o miolo da comunidade, ele faria vertical e horizontal. Isso tudo tá gravado. Mas o que ele fez até agora é tentativa de remoção. Não chamou pra conversar sobre o saneamento de quem vai ficar, sobre os prédios que ele ia construir para trazer os moradores das bordas para o miolo da comunidade. Nada disso ficou acertado até agora. A estratégia dele é minar, tirar o máximo de moradores que puder e, quando ele tirar uma meia dúzia, chegar pro juiz e falar: 'Essa associação aí é criadora de caso. Toda comunidade quer sair e eles ficam aí dificultando'. Eu fico chateado porque quem aceita derruba a minha luta e a de todo mundo", critica Altair Guimarães.

A tensão na comunidade atingiu um ponto perigoso no final de março de 2014. Como Eduardo Paes continuava afirmando que não poderia dar as chaves dos apartamentos, porque os que queriam ficar impediam a conclusão do negócio, houve uma reunião, no dia 22 daquele mês, na sede da Ampava, para debater a situação da Vila Autódromo. Pessoas que não pertenciam à comunidade foram infiltradas na assembleia e incitaram os proprietários que já tinham fechado acordo com a prefeitura a agredir Altair Guimarães e Jane Nascimento. Algumas pessoas com barras de ferro tentaram avançar sobre eles, mas foram impedidas pela polícia e militantes de direitos humanos, chamados pela associação.

Nos seus mais de 40 anos de existência, a Vila Autódromo sabe o que é resistir. "Se fosse um lugar que não tivesse a luta que a gente tem, se não conseguisse, com outros militantes, dar visibilidade à essa comunidade, certamente já estaríamos enterrados, como foi Vila Harmonia, Restinga, parte do Arroio Pavuna. Se 200 pessoas decidiram negociar com a prefeitura, não tem problema. Eu vou brigar por três, por dez, por 20, 50, por quantos restarem", reforça Altair. Palavra de quem aprendeu em cada remoção que é a organização coletiva que pode fazer frente a essa concentração de terras nas mãos de poucos.

"Podem me dizer que o apartamento do Parque Carioca é maravilhoso. Moradia não é quatro paredes, mas a história, o vínculo da comunidade, da identidade de cada um de nós com o nosso lugar. Nós vamos resistir até o fim."

_Steliano Francisco dos Santos

VILA AUTÓDROMO

HÁ QUEM DIGA QUE A VILA AUTÓDROMO começou a ser habitada na década de 1960, mas o pescador que começou a ocupação, Steliano Francisco dos Santos, "Seu Pernambuco", lembra direitinho quando montou seu barraco naquele descampado à beira da lagoa. "Foi no dia 3 de janeiro de 1980. Fui o primeiro a chegar. Não tinha ninguém. Só eu mesmo."

O pernambucano trabalhava como segurança, morava na Cidade de Deus, e aproveitava as folgas para pescar em Jacarepaguá. "A lagoa era limpinha, você via areia no fundo. Aqui tinha muito jacaré. Hoje acabou tudo, é só lama, não tem mais os peixes. Eu sou aposentado e hoje vou pescar lá fora, em Marapendi, porque aqui não tem mais peixe", diz.

Seu Francisco lembra que em uma dessas pescarias, olhando aquele terreno imenso e vazio, sem dinheiro para pagar o aluguel na Cidade de Deus, ficou pensando que um dia ainda se mudava para lá.

"Essa área estava toda desocupada e resolvi fazer um barraquinho. Sou pescador. Comprei as madeiras, mas o carro não chegava até onde tinha escolhido — era muita lama —, e eu carreguei tudo nas costas até lá sozinho. Eu e Jesus. Fiz meu barraquinho, a mulher ficou lá na casa e eu pro lado de cá. Foi indo que acabei ficando de vez. Fez 34 anos agora em janeiro [2014] que cheguei aqui", lembra.

As ameaças de remoção começaram depois de seis meses que estava no lugar. "A polícia veio quebrar meu barraco. Eu falei: 'Não quebra, não, que eu tiro as madeiras daqui e levo pra Cidade de Deus'. Mas nunca tirei. Passava seis meses, começava de novo. Sai hoje, sai amanhã e eu ficando. Em 1992, veio um trator pra derrubar as casas. Ficou 15 dias em frente à associação. Foi no tempo do Cesar Maia. O povo resistiu e até hoje a gente tá aqui."

Ele lembra que chegou a dividir o lugar em lotes. "Quando eu cheguei, marquei até um bocado de terreno aqui pra mim. Mas o que eu ia fazer com esse monte de terra? Chegava um e me pedia um pedacinho de terra, dizia que não tinha onde morar. Eu falava: 'Pega aí, faz seu barraco'. Dei tudinho, de lá pra baixo pra cá. Eu sozinho aqui... É melhor chegar mais gente. Quando eu ocupei aqui chamava o lugar de Beira da Lagoa, depois, com o tempo mudamos para Vila Autódromo", conta.

Seu Francisco teme pelo fim da vila que ajudou a criar. Viúvo, pai de duas meninas, ele afirma que essa última investida da prefeitura é a mais pesada de todas, mas ele mantém a disposição de lutar pelo lugar que viu crescer até virar uma comunidade. Anda pelas ruas orgulhoso de saber que sua luta individual pela moradia ganhou corpo e virou uma bandeira coletiva. "Eu resisti a tudo isso nesses 34 anos. Não vai ser agora, com tanta gente junto que vou desistir". Sai hoje, sai amanhã e seu Francisco foi ficando.

SEU FRANCISCO, TAMBÉM CHAMADO DE PERNAMBUCO, FALECEU CINCO MESES DEPOIS DESTA ENTREVISTA. MORREU DEPRIMIDO E DESGOSTOSO, EM 02 DE JULHO DE 2014, AOS 89 ANOS, UMA SEMANA DEPOIS DE SER REMOVIDO.

"Eu resisti a tudo isso nesses 34 anos. Não vai ser agora, com tanta gente junto que vou desistir."

_Cosme Vinícius Felippsen

MORRO DA PROVIDÊNCIA

O MORRO DA PROVIDÊNCIA SURGIU como opção de moradia aos que foram deserdados pelo Estado. Dos expulsos do cortiço Cabeça de Porco, em 1893, pelo prefeito carioca Barata Ribeiro, passando pelos soldados que combateram na Guerra de Canudos (1896-1897) e que não receberam as casas prometidas pelo governo, ou pelos moradores de habitações coletivas no centro da capital em 1904, na ação chamada "Bota-Abaixo" do prefeito Pereira Passos, a Providência foi o abrigo, o início de um recomeço.

A Providência tem cerca de cinco mil moradores, segundo o censo do IBGE de 2010. Desse total, a Prefeitura do Rio de Janeiro pretendia remover 832 casas. Desde o lançamento do projeto Porto Maravilha, que prevê R$ 8 bilhões de investimentos em infraestrutura urbana e parceria com a iniciativa privada em construções comerciais e residenciais para revitalização dessa antiga área da cidade na zona portuária (Caju, Gamboa, Saúde e Santo Cristo), moradores antigos daquela região têm sofrido com o processo de remoções.

A construção de um teleférico, ligando o morro à Cidade do Samba, na Gamboa, e à Central do Brasil, e um plano inclinado, que faria o transporte do miolo ao alto da comunidade, seriam os principais motivos para a retirada de moradores no lugar conhecido como AP, Toca (miolo da favela). No entanto, a prefeitura usou também largamente a justificativa de área de risco para tentar retirar famílias inteiras da Pedra Lisa. Até julho de 2014, 200 famílias foram removidas da área, principalmente do AP.

"Desde 2009, começou o boato da remoção, no contexto das obras do Porto Maravilha. Em 2011, o prefeito Eduardo Paes, o secretário de Habitação [Jorge Bittar] e o Crivella [senador que mantinha um projeto no morro chamado Cimento Social] estiveram na Providência para apresentar a proposta do teleférico e do plano inclinado aos favelados. Eles falaram que precisavam tirar 832 casas para alargamento de vias, melhorar o visual do lugar. A gente entendeu que era preciso fazer uma comissão de moradores, separada da associação, que era favorável à prefeitura. E foi o que fizemos", lembra Cosme Vinícius Felippsen, de 25 anos, nascido e criado na favela.

Segundo Cosme, eles se juntaram ao Fórum Comunitário do Porto, que existia desde 2009, e iniciaram a luta contra as remoções.

“Fizemos reuniões com a Defensoria Pública para discutir ações judiciais para barrar esse processo e conseguimos na justiça uma liminar contra o Morar Carioca [plano de habitação]. A justiça paralisou as obras na Providência [manteve apenas a conclusão do teleférico para evitar a perda de equipamentos já adquiridos] e exigiu da prefeitura que cumprisse requisitos como a realização de audiência pública e laudos de impacto de vizinhança e ambiental”, relata.

Cerca de 200 famílias foram removidas. De acordo com Cosme, houve as que escolheram o aluguel social até que fossem concluídas as unidades do Morar Carioca em Santo Cristo, as que fizeram a compra assistida e que se depararam com problemas, como compra de imóveis de posseiros pela prefeitura, gerando questionamentos quanto à legalidade.

No trecho da Carta dos Moradores do Morro da Providência à População do Rio de Janeiro, feita em 2011 e assinada pela Comissão de Moradores e pelo Fórum Comunitário do Porto, a comunidade reclama que todo o processo foi pautado pela falta de diálogo e transparência do poder público, além de justificativas frágeis para as remoções.

“Sob o argumento de que 317 destas casas estão no caminho das obras e que 515 estão em área de risco (já temos um contralaudo provando que na Providência a grande maioria das casas NÃO está em área de risco), a prefeitura está aterrorizando moradores e oferecendo como contrapartida um aluguel social de R$ 400 que não dá para pagar nenhuma casa digna para morarmos, ou uma compra assistida, que também é uma roubada, ou ainda uma indenização fora da realidade do mercado.”

Cosme disse que não foi concluída a obra do plano inclinado e que muitas casas não foram demolidas, apenas descaracterizadas. Para forçar a prefeitura a retirar os entulhos das demolições, a comunidade teve que entrar com uma ação judicial, como foi feito na Indiana e Estradinha Botafogo.

“Eu morava no alto do morro, mas com o nascimento de minha filha, em 2012, comecei a procurar um lugar mais no baixo. Acabei ocupando uma das sete casas descaracterizadas na Ladeira do Farias. Eu nasci aqui. Tenho tios, irmãos, primas, todos meus parentes moram na Providência. Não vou sair. A gente tem medo do que possa acontecer, mas vamos resistir até o fim.”

“Eu nasci aqui. Tenho tios, irmãos, primas, todos meus parentes moram na Providência. Não vou sair. A gente tem medo do que possa acontecer, mas vamos resistir até o fim.”

_Francicleide da Costa Souza

METRÔ MANGUEIRA

METRÔ MANGUEIRA ESTAVA A 500 metros do estádio Jornalista Mário Filho, o Maracanã, palco da final da Copa do Mundo, na Radial Oeste, e passou por dois processos de remoção em menos de quatro anos, o último em fevereiro de 2014. Em princípio, seria um estacionamento para torcedores da arena, mas os planos do município mudaram e Metrô Mangueira e suas 700 famílias foram removidos para dar lugar a um polo comercial automotivo.

Em 2010, a Prefeitura Municipal do Rio decidiu extinguir a comunidade, formada há 35 anos por trabalhadores nordestinos que construíram a estação de metrô que dá acesso ao Maracanã. Até aquele momento, a cearense Francicleide da Costa Souza, de 45 anos, conhecida como Franci, não havia presenciado um processo de remoção e nem tinha ideia do que era direito à moradia. Quando chegou do Ceará, em 1988, sem renda suficiente para financiar um imóvel, Franci foi morar em Metrô Mangueira, onde se casou, teve filhos e construiu sua vida.

"Dia 26 julho de 2010, a prefeitura chegou na nossa comunidade com muitos carros, assistentes sociais entrando nas casas, filmando e pichando as residências com aquele SMH. Eu estava trabalhando — na época, em Copacabana — e minha filha me ligou, pedindo que eu viesse. Quando cheguei, as pessoas não estavam entendendo o que estava acontecendo. Porque eles faziam tudo isso, mas não diziam para o que era. A gente já imaginava, quando teve a comemoração da Copa do Mundo, que o Brasil tinha sido escolhido, que isso podia acontecer. A gente perguntava se era por causa da Copa e eles negavam e falavam que era programa social. Depois de duas semanas é que viemos a saber que era para remoção", lembra.

Na reunião com o subprefeito da Zona Norte, André Santos, as alternativas colocadas para a comunidade soaram como afronta. "Ele dizia que só tínhamos três opções: ir para o Minha Casa Minha Vida de Cosmos (no Condomínio Varese, a quase 70 quilômetros e três horas e meia de viagem), abrigo, ou rua. Quando ele disse isso, muita gente começou a desmaiar, outros passaram mal. Eu fui uma das pessoas que não aceitaram", relata.

O desespero das famílias diante de um fato dado como consumado pelo município foi parar na igreja católica do bairro. "A gente não sabia o que fazer. Daí, uma criança foi à igreja e pediu ao padre que rezasse por nós, porque a gente estava muito perdido, sem ter ideia do que fazer. Aí, o padre falou que existia a Pastoral de Favelas, Defensoria Pública e outros órgãos. Nós fomos para a primeira reunião, formamos uma comissão, da qual eu fazia parte, e começamos a batalhar", conta Franci.

Mais conscientes dos seus direitos, os moradores cobraram uma posição da Secretaria Municipal de Habitação. O subsecretário informou à comissão "que o presidente da associação estava negociando a comunidade". Com a gravação da declaração do subsecretário, o presidente foi destituído e outro ocupou o lugar, mas não demorou um mês para que se descobrisse que esse também estava "vendendo" Metrô Mangueira para o município. A essa altura, 107 famílias, com medo de serem jogadas na rua, aceitaram ir para a Zona Oeste. A partir das traições seguidas à comunidade, a comissão assumiu o comando da associação, tendo Franci na presidência.

"Fizemos muitas reuniões e pedimos para que as pessoas não abandonassem a comunidade, que tivessem coragem pra lutar. Com isso, a gente não dormia. Ficava o tempo todo vigiando, com medo do que pudesse acontecer. Eu tive que sair do meu trabalho. Aí, minhas colegas ficavam na comunidade, enquanto eu ia para os órgãos, abrindo processo para ver se a gente conseguia não sair. Mas o prefeito começou a mudar todo mundo dos departamentos, na Defensoria Pública. Quando fui falar com o Eduardo Paes, argumentei que tinha gente na Mangueira morando em área de risco e que a nossa comunidade não precisava sair, porque não estava em área de risco. Nunca vou esquecer o que ele falou: disse que a gente ia sair porque ele queria a comunidade limpa", recorda Franci.

Mesmo diante das dificuldades, a comunidade resistiu e lutou para que o poder público construísse alternativas de moradia perto de Metrô Mangueira. A luta valeu a pena. A prefeitura foi obrigada a projetar dois condomínios, o Mangueira I e II, a menos de um quilômetro da área. "Em 2011, saiu o condomínio Mangueira I e mudaram as famílias [300] mesmo sem ele estar pronto. As pessoas foram. Quando ligaram a água, tinha muito vazamento, molhou móveis. Tinha muitos problemas, como ainda tem."

“Trabalhador não tem problema em viver onde quer que seja, mas estar longe do local do emprego dificulta a vida — veja a situação dos trens. A maioria está alugando casas e apartamentos por aqui na região por não dar conta dessa viagem diária de mais de três horas e a precariedade dos transportes.”

A presidente da comunidade e 292 famílias ainda ficaram mais um ano em Metrô Mangueira.“Eles demoliam e deixavam os entulhos. Eu chegava do curso em minha casa às 22 horas. Na comunidade já não tinha uma boa iluminação. Meu filho e meu marido tinham que me buscar. Eu tinha medo dos ratos, de tanto entulho que a prefeitura deixou. Eram ratos horríveis. A prefeitura faz a coisa que é pra maltratar quem resiste. Ela brinca muito com os nervos e o psicológico da gente.”

A mudança do restante da comunidade para Mangueira II e Triagem aconteceu no final de 2012. “Com isso, o que restou foi só o comércio. Este ano, [2014] completam-se quatro anos de luta e a gente está brigando agora pelos comerciantes, para que eles [a prefeitura] cumpram a palavra do polo automotivo. Nós tínhamos 126 comércios. Só indenizaram nove. Falta o restante. Estamos lutando para que pelo menos o comércio continue no local.”

Sobre a situação dos moradores espalhados em outros lugares, Franci diz que em Cosmos, os ex-vizinhos reclamam da distância. “Trabalhador não tem problema em viver onde quer que seja, mas estar longe do local do emprego dificulta a vida — veja a situação dos trens. A maioria está alugando casas e apartamentos por aqui na região por não dar conta dessa viagem diária de mais de três horas e a precariedade dos transportes.”

Ela vai frequentemente a Triagem e registra que “as pessoas, a princípio, ficaram satisfeitas”. Os problemas surgem porque os moradores não sabiam da dinâmica de condomínio. “A prefeitura não procura entender e nem esclarecer. Quando você pega alguém que mal tem pra sobreviver, alguém que cata latinhas, e coloca essa pessoa num lugar desse, onde ela tem que pagar luz, condomínio... Aí, começa o conflito com quem paga condomínio. Eu dependo que as pessoas paguem a água para que eu tenha também. A organização é muito difícil”, avalia.

Sobre a sua vida em Mangueira II, a presidente da associação faz um desabafo: “Eu sei que eu saí da ilegalidade para a legalidade, mas eu não gosto daqui. Eu pedi ao prefeito que reurbanizasse nossa comunidade. Lá, mesmo que a gente não tivesse escritura, era meu, aquilo ali era meu. Isso aqui não é meu, só daqui a dez anos. Eu não sinto isso aqui meu local de moradia. Parece que eu tô emprestada. Não sei explicar”.

SEGUNDA REMOÇÃO

Franci pouco sabe da segunda remoção. "Não quis me envolver. O que começa errado termina errado. A prefeitura chegou e fez na nossa comunidade um queijo suíço. Ela tirava uma pessoa de baixo, não tirava de cima e vice-versa. Com isso, pessoas iam saindo, como foi meu caso, e outras pessoas invadiam. Eu falei isso pra eles e eles diziam que estava tudo sob controle. A prefeitura devia ter um programa social. Querendo ou não, ali tem pessoas. O município não pode pegar e jogar as coisas de todo mundo na rua. Teria que ter uma assistência social para a família. Ela tem um motivo de estar ali naquela situação."

O fato é que muitas casas não foram demolidas no primeiro processo de remoção da comunidade, a partir de 2010. Com imóveis desocupados, ainda que descaracterizados (sem portas, janelas e com furos na laje), muitas pessoas sem-teto passaram a viver no local. Em 2014, para retirar cerca de 20 famílias, o município usou a força policial. Houve muito protesto, a Radial Oeste foi fechada por moradores, a Polícia Militar usou bombas de gás e *spray* de pimenta para retirar os resistentes.

_Reinaldo Reis e Maria de Fátima Amorim

ESTRADINHA BOTAFOGO

O PRINCIPAL ARGUMENTO DO MUNICÍPIO do Rio de Janeiro para remoção é a localização de comunidades em áreas de risco. Após um temporal que atingiu o estado em abril de 2010, a pressão sobre moradores de favelas aumentou. A prefeitura, por meio da Geo-Rio, contratou um levantamento da empresa Concremat, que colocou pelo menos 120 das 196 comunidades estudadas na classificação de risco.

A Estradinha de Botafogo, que liga o bairro à Copacabana, com acesso pela Ladeira dos Tabajaras, foi criada em 1952 pelos funcionários do cemitério São João Batista. Em 1987, o prefeito Saturnino Braga confirmou a viabilidade de moradias no morro, que foi urbanizado e recebeu muros de contenção. Braga permitiu ainda a entrada de mais 42 moradores. A prefeitura doou *kits*-construção para os que não tinham condições de erguer a moradia. A valorização imobiliária no Rio de Janeiro, sobretudo na Barra da Tijuca e Zona Sul, onde está localizada a Estradinha Botafogo, deflagrou sucessivas tentativas de remoção da comunidade, que também é conhecida como Tabajaras.

"O Cesar Maia iniciou um processo de tentar retirar a comunidade, mas foi no governo Eduardo Paes que isso ficou mais forte. Quando ele derrubou dois esqueletos, na época anunciou que a comunidade que estivesse acima do cemitério São João Batista, que ele denominou Morro São João, ia sair por completo. Isso foi no primeiro mandato, por alegação de meio ambiente e, com as chuvas de abril [de 2010], ele veio com a desculpa de área de risco. A parte que desmoronou foi mais por conta de um corte irregular feito pela Santa Casa [instituição mantenedora do cemitério], que foi ampliando seu espaço em direção ao morro. Você deve ter visto uma denúncia de que um túmulo no cemitério estava sendo vendido a preço de apartamento de luxo. Naquele ano, caiu até um Fusca de um morador, estacionado à beira do barranco. Nessa chuva de abril, toda a cidade sofreu. Mas de casas, assim, nunca tivemos risco, nenhum problema", diz Reinaldo Reis, presidente da Associação de Moradores dos Tabajaras.

Nos dias 5 e 6 de abril de 2010, um temporal que durou 36 horas deixou a cidade do Rio de Janeiro alagada, provocou desmoronamento de encostas em vários morros, dentre eles o Morro dos Prazeres, em Santa Tereza, em várias favelas nos maciços da Tijuca e da Serra da Misericórdia, no Morro do Urubu, em Pilares, além de transbordamento de rios, como o Maracanã. Só na capital, 48 pessoas morreram, sendo 42 no Morro dos Prazeres, e milhares ficaram desabrigadas. Mas a grande tragédia aconteceu em Niterói, com o deslizamento do Morro do Bumba, que causou a morte de mais de 200 pessoas.

Logo após as chuvas de abril, a empresa Concremat foi contratada pela prefeitura para realizar um levantamento de 196 favelas em áreas de risco. A empresa listou 120. Conforme o laudo, apenas 25 residências no alto da Estradinha de Botafogo estavam em local de risco. Mesmo assim, a Secretaria Municipal de Habitação continuou forçando a remoção de todos os domicílios.

A resistência da comunidade em aceitar a retirada de 100% das casas levou o município a adotar uma estratégia que se tornou comum em outras favelas-alvo de tentativas de despejo forçado. Com a justificativa de que estava fazendo um censo para a Educação, os agentes municipais entraram nas casas, fotografaram, pediram detalhes da vida dos moradores.

"Nesse censo, eles falavam que eram da Sedu [Secretaria Municipal de Educação]. Eles entraram nas casas, mediram, tiraram fotos de cada cômodo. Os moradores, acreditando que era um censo diferente, permitiram a entrada. Foi aí que a prefeitura descobriu que grande parte da comunidade era de nordestinos. Eles compravam lajes e faziam suas moradias. Com o censo, a prefeitura soube qual era o motivo de cada pessoa estar naquele local, se eram moradores assentados, como no nosso caso, ou aqueles que compravam laje e só vinham para dormir", explica Maria de Fátima Amorim, conhecida como irmã Fátima, vice-presidente da Associação de Moradores dos Tabajaras.

A partir do levantamento, a Prefeitura do Rio fez propostas individualizadas aos proprietários e conseguiu comprar 255 dos 370 imóveis da comunidade. Segundo informações publicadas no *site* do Jornal do Brasil, em 8 de agosto de 2011, "A Prefeitura do Rio de Janeiro desembolsou R$ 10,7 milhões dos cofres públicos para remover moradores que estavam em área segura".

Curioso que mesmo após o laudo da Concremat, feito para a Geo-Rio, dando conta que o alto do morro, com vista para o cemitério São João Batista, era a única área de risco, o governo estadual mudou a sede da UPP, que era na Ladeira dos Tabajaras, a um custo de R$ 279 mil, para o local. A Secretaria Estadual de Segurança à época disse que a permanência da UPP naquele local era temporária e que ela seria transferida para uma parte mais baixa da Estradinha, mas até o final de fevereiro de 2014, a UPP continuava no mesmo lugar.

"Na época, a proposta da prefeitura era bem ambiciosa. Eles pagavam R$ 30 mil, R$ 40 mil por sete metros quadrados. Então, os nordestinos viam nisso a oportunidade de visitar a família, o suficiente para passar férias na terra deles. 96% dos moradores que negociaram com a prefeitura se enquadram nessa situação", conta Reginaldo.

"A Prefeitura do Rio de Janeiro desembolsou R$ 10,7 milhões dos cofres públicos para remover moradores que estavam em área segura."

Irmã Fátima lembra que, "depois que a prefeitura derrubava as casas, que eles retornavam do Nordeste, olhavam o lugar onde estavam as moradias e choravam, porque o dinheiro já tinha acabado e não era tanto quanto eles imaginavam. No caso dos Tabajaras, não houve proposta de remoção. A prefeitura indenizou e mandou sair".

Das negociações, apenas cinco moradores aceitaram o Minha Casa Minha Vida em Santa Cruz, mas querem voltar para a comunidade, em função da distância (cerca de 70 quilômetros), dois fizeram compra assistida, com casas na parte mais baixa do morro. A grande maioria foi indenizada.

Das 255 casas negociadas, 240 foram demolidas e outras 15 foram descaracterizadas. Desses 15 imóveis descaracterizados, cinco foram ocupados.

A exemplo do que ocorre em outros lugares, os entulhos das casas demolidas em 2010 não foram retirados. Em 2010, a Defensoria Pública entrou com uma ação, a pedido da comunidade, para deter o processo de despejo e forçar a prefeitura a retirar os entulhos. Apesar da decisão judicial, só três anos e seis meses depois é que começaram a ser removidos os restos de demolição, em agosto de 2013. Em fevereiro de 2014 ainda restava muito das residências destruídas. "Agora é que está sendo feito com grande velocidade, porque a multa diária para o município é de R$ 50 mil. Pelos nossos cálculos, hoje estaria em R$ 49 milhões", calcula irmã Fátima. Não há notícia de que o poder judiciário tenha cobrado a conta do executivo municipal.

Segundo Reinaldo Reis, a resistência atualmente é feita pelas 115 famílias que restaram. "Nós passamos por momentos bem difíceis. Nos dois primeiros anos foi bem complicado, porque a prefeitura, a subprefeitura e a Secretaria de Habitação estavam na comunidade todo dia, as negociações eram bem presentes na comunidade. Com o decorrer do tempo, o prefeito percebeu que a resistência era bem forte — eu costumo dizer que a Estradinha hoje é referência em resistência a demolições para a prefeitura. O prefeito anunciou que ia sair 100% da comunidade e a gente conseguiu manter pelo menos 20%. Depois, o prefeito veio e disse que não sairíamos mais. Acredito que a Estradinha hoje se encontra tranquila, mas não desarmada. A gente sabe que é período eleitoral, como a política funciona, que o governante muitas vezes não é sincero, é covarde, mas depois do anúncio do prefeito de que não iria nos remover, e considerando algumas obras da prefeitura, como remoção dos entulhos, que era nossa grande luta, temos um pouco de esperança. A gente está no aguardo, acreditando que dessa vez a gente vai conseguir que o município faça o que a comunidade está pedindo."

A reivindicação de Estradinha de Botafogo é a implantação de uma rede de saneamento adequada, iluminação pública, contenções, sobretudo nas áreas demolidas — os entulhos fecharam as canaletas e desviaram o curso da água da chuva, levando risco aonde não existia — e um muro dividindo a comunidade do cemitério São João Batista, para evitar que ele avance sobre a área da comunidade.

"A luta contra a remoção não é só da Estradinha, é uma luta de todo o Rio de Janeiro", conclui irmã Fátima, que integra uma rede de solidariedade a todas as comunidades ameaçadas de remoção.

_Fábio Dutra Costa

HORTO

UMA DAS TENTATIVAS DE REMOÇÃO no Rio de Janeiro mais emblemáticas é a do Horto, com 620 famílias. E é emblemático porque o governo federal, após dar sinais de que iria regularizar a situação fundiária, fazendo inclusive um levantamento a pedido da Superintendência do Patrimônio da União (SPU) e do Ministério do Meio Ambiente com a Universidade Federal do Rio de Janeiro (UFRJ), decidiu pela retirada total da comunidade.

As casas foram marcadas com uma numeração da SPU a partir de 2009. "Em 2010, a SPU ia fazer a regularização, só que o governo recuou, voltou atrás e agora diz que não, que sai todo mundo. Eles mudaram de uma regularização fundiária pra uma remoção forçada", protesta Fábio Dutra Costa, conhecido como Fabinho, de 37 anos, taxista, morador do Horto.

O Horto é um paraíso dentro de uma cidade caótica. Encostado no Instituto de Pesquisas Jardim Botânico, ao lado esquerdo da rua Pacheco Leão, encontram-se imóveis de classe média baixa e outros mais simples, à medida em que se sobe a via em direção à Floresta da Tijuca.

Um dos portões esconde uma pequena vila com dezenas de casas, com suas ruas de chão batido, postes, muitas árvores e tranquilidade. A maior parte dos moradores foi, é ou descende de funcionários do Jardim Botânico, que autorizou a construção das casas no entorno, nos anos 1920, para garantir a mão de obra. O lugar era distante, o sistema de transporte de bonde, precário e o pagamento do governo federal naquela época era bem irregular. Os terrenos eram charcos, com alagados superficiais, e foi ali que com o passar dos anos se estabeleceu a comunidade. Além dos imóveis na beira da via, o Horto se estende por dentro da mata, mas fora do perímetro do Jardim Botânico. Entre árvores, córregos e pássaros, mora uma população formada sobretudo por idosos.

"O total de famílias é de 620. O governo alega que na década de 1980 eram 400 e poucas. As famílias cresceram demograficamente, não geograficamente. Eu morava com meus pais, que trabalharam muito tempo no Jardim Botânico, como meu avô, me casei e construí dentro do mesmo espaço. Tem uma casa aqui na frente que era o pai. Hoje é o pai e dois filhos. Cada filho tem a sua casa, sem expandir os limites, dentro do mesmo terreno. Então, onde tinha uma família, hoje tem três. Não vejo nada de ilegítimo nisso", diz Fabinho.

A justificativa para a remoção da comunidade tem variado. O Ministério do Meio Ambiente já usou a questão ambiental, alegando que as casas estavam dentro da área do Jardim Botânico, mas como isso é facilmente contestável, com apoio de farta documentação, as desculpas foram se alterando. Difícil acusar pessoas que nasceram e viveram a vida toda em meio à mata de depredação, quando historicamente se sabe que os moradores preservam tanto o território, que já impediram, no governo Carlos Lacerda, a implantação de um cemitério e de um conjunto do BNH com 35 blocos, também na década de 1960.

"Essa é uma briga política, uma posição de governo da senhora Dilma Rousseff. É ela que está à frente do governo. Não dá pra ela imputar essa culpa a A, B, ou C. É ela. A ministra Izabella Teixeira [do Meio Ambiente] não veio aqui conversar conosco, mandou assessores, mas convocou toda a imprensa dentro do Jardim Botânico e eles se amparam numa decisão do TCU [Tribunal de Contas da União], que é órgão consultivo do legislativo, não tem poder deliberativo. O TCU mandou parar a regularização fundiária e tirar quem estivesse dentro dessa área", relata Fabinho.

Segundo ele, o acórdão que o TCU publicou diz que o Instituto de Pesquisa Jardim Botânico delimite a área de interesse dele e que tudo que estiver dentro desse perímetro e que não for relacionado à pesquisa deve sair.

"Não tenho nada contra cultura, adoro teatro, arte, mas o Espaço Tom Jobim não é relacionado a pesquisa e está lá dentro. Não tenho nada contra o Espaço Tom Jobim, mas tudo contra ele ser no local onde é, sem isolamento acústico, sem a devida adequação [as instalações da rede de esgoto são da década de 1960]. Quando tem espetáculo, vaza esgoto no quintal dos vizinhos, dos moradores históricos dali. Não tem isolamento acústico. Eles fazem teste duas horas da manhã. Os pássaros que fazem ninho ali não sabem que, dali a uma semana, onde eles fazem os ninhos terá um espetáculo com não sei quantos mil decibéis. Esse mesmo acórdão em que eles estão se ancorando, de que só fica o que for relacionado a pesquisa, não inclui uma subestação da Light, que é superimportante pra fornecimento de energia pra essa parte da cidade, mas a Light não sai. Eles alegam que o Serpro [Serviço Federal de Processamento de Dados] sai, mas o Serpro está em obra. Não me parece que o Serpro vá sair. Alguém que acabou de receber a notícia de que vai sair vai fazer uma ampliação? O Serpro tem os maiores e melhores computadores da América Latina. Só para mudar isso de lugar serão gastos milhões do dinheiro público", reclama.

Fabinho afirma que o suposto projeto que sustenta a necessidade de remoção até o momento não foi mostrado à comunidade nem a ninguém. "É um projeto apresentado de boca, sem qualquer *slide* ou impresso, de que sai todo o lado ímpar da rua Pacheco Leão, ou seja, 80% da comunidade".

Outra alegação do Ministério do Meio Ambiente para retirar boa parte do Horto é de que algumas residências estão em área de risco,

> “A pressão pela remoção começou na década de 1980. Tem processo que data de 1984. A Constituição nos garante o direito à moradia. O caso do Horto se enquadra na parte que aborda a Concessão de Uso Especial para Fins de Moradia (CUEM).”

na beira do rio dos Macacos. "Mas ele mesmo [o governo] fez uma construção recente que é na beira do rio. Pense quantas árvores foram derrubadas para fazer esse prédio, que hoje é a área operacional, porque lá do outro lado, onde era almoxarifado, oficina, onde se guardavam ferramentas, tratores necessários para o funcionamento do parque, tudo isso ficava lá onde hoje é o Espaço Tom Jobim. Ou seja, o Jardim Botânico cedeu um espaço que era dele, de área operacional, pra fazer uma casa de espetáculos. Aí, desmatou, derrubou um monte de árvores para construir dentro da comunidade do Horto esse lugar de manutenção. A distância que algumas casas que eles alegam que estão próximas ao rio é a mesma do prédio da área de manutenção", protesta.

O taxista lembra que, quando esteve com representantes do Ministério do Meio Ambiente e da SPU, perguntou para o assessor da ministra Izabella Teixeira qual era o custo estimado da área degradada, considerando que o ministério argumentava que toda a área construída e urbanizada em tese fora degradada.

"Ele disse que não vai ter reflorestamento. O que é urbanizado permanecerá urbanizado, que vão se fazer centros de excelência em pesquisa. Aí, tem que tirar mais de 500 famílias pra construir esse negócio. Será que o governo federal, que tem áreas em Jacarepaguá, Bangu, Realengo, não pode fazer em outro lugar? Um governo que fala em reassentar sem-teto vai querer desabrigar centenas de famílias?"

Fabinho cita que, antes da Constituição de 1988, alguns moradores sofreram processo de desapropriação. "A pressão pela remoção começou na década de 1980. Tem processo que data de 1984. A Constituição nos garante o direito à moradia. O caso do Horto se enquadra na parte que aborda a Concessão de Uso Especial para Fins de Moradia (CUEM). Está na SPU o nosso processo e o governo diz que vai dar, mas quer dar em outro lugar. Todos os processos transitados em julgado hoje são anteriores à Constituição, mas curiosamente os nossos juízes, que estão apreciando e mandando todo mundo pra rua sem direito a nada, estão julgando pela lei anterior à de 1988. Até onde eu sei, a Constituição se sobrepõe a uma lei antiga para beneficiar. No caso, eles estão ignorando a Constituição. Por exemplo, na minha casa não há processo. Hoje, se o governo mantiver essa decisão arbitrária de remover todos os moradores, eles vão ter que primeiro ajuizar uma ação contra mim e não vai ser como as ações transitadas em julgado em que o morador perdeu. Não existe processo de reintegração de posse no Horto posterior a 1988. São um pouco mais de 200 processos nessa situação", explica.

A tática de dividir a comunidade também foi usada no Horto. A forma foi estabelecer que a rua onde mora a presidente da associação, que é irmã de um deputado federal do PT, não seria desapropriada. "O governo agiu de forma leviana. Para dividir e enfraquecer a comunidade, pegou a rua onde mora atualmente a presidente da associação de moradores e disse que ela não seria removida. Isso fez com que algumas pessoas acreditassem que foi um acordo. Isso pra mim foi proposital para enfraquecer, desqualificar quem está à frente da luta perante os moradores e ficar cada vez mais fragilizado, o que não está dando certo. Pessoas mais esclarecidas estão arregaçando a manga e trabalhando junto com a associação de moradores."

A luta do Horto está expressa em faixas escritas em inglês e português, afixadas nas casas da rua Pacheco Leão. Para os moradores, a desculpa de que o Jardim Botânico precisa de espaço encobre o motivo real, que é a especulação imobiliária e o favorecimento da família proprietária da Rede Globo.

"Um dos Marinho mora hoje na casa que era do Tom Jobim, que tem, inclusive, um gerador enorme dentro da mata. A rua em questão [Sara Vilela], em que esse cidadão mora, parece Beverly Hills. Não parece que você tá no Rio de Janeiro. São casas riquíssimas, coisas colossais, casas com três, quatro andares, com elevador, com *design* moderno e muitas delas desviando o córrego d'água. Será que com a retirada do Horto não haveria valorização dessa área ainda mais? Os moradores se intitulam Alto JB. Já se diz extraoficialmente por aí que hoje competem com Jardim Pernambuco, que fica no Leblon. Será que, removendo essa comunidade centenária que está aqui, não vai valorizar mais ainda o imóvel deles?", questiona.

Fabinho fala em gentrificação da Zona Sul e do centro da cidade, áreas em crescente processo de valorização, desde o anúncio da

Copa de 2014 e das Olimpíadas de 2016 no Brasil. "A prova disso é o seguinte: na Gávea, tem um condomínio, Parque Canto e Mello, que está dentro de uma área que o governo federal diz que quer, mas lá a justiça determinou uma compensação ambiental. E detalhe: lá, eles são invasores de fato, o que não é o nosso caso."

A luta do Horto continua e ainda não há qualquer decisão judicial que favoreça a remoção total da comunidade. "Falam que o direito à moradia será respeitado. Não. Pegar um idoso de 70 anos, 90 anos, que a vida inteira morou num lugar desse, que é um paraíso, cheio de verde em volta, próximo de tudo, e jogar em Bangu, Santa Cruz, numa unidade do Minha Casa Minha Vida, que tem 37 metros quadrados, definitivamente não é respeitar o direito à moradia. O governo está decretando a morte desse idoso. Isso aí é querer justificar a barbárie."

_Maria do Socorro da Silva de Oliveira

INDIANA

AS FAVELAS NA REGIÃO DA TIJUCA, Zona Norte do Rio, desde o anúncio da Copa de 2014 e das Olimpíadas de 2016 no Brasil, têm sofrido com o assédio do executivo municipal. Indiana é separada do Morro do Borel apenas por uma rua, a São Miguel. Fica na parte baixa do morro, perto da Conde de Bonfim, onde condomínios de luxo avançam na velocidade da especulação imobiliária da cidade e ameaçam a vida nessas favelas. A justificativa dada pela prefeitura para tentar retirar todos os 610 moradores de Indiana foi a determinação de área de risco, argumentando que o rio Maracanã, que fica no miolo da comunidade e que naquele ponto mais parece um córrego, poderia transbordar e causar uma tragédia. Mesmo com todo o volume de chuva em seis dias de abril de 2010 — a quantidade mais elevada nos últimos 48 anos, segundo o Instituto Nacional de Meteorologia (Inmet) —, não houve inundação em Indiana.

"O que a prefeitura tinha que fazer era colocar um muro de contenção e pronto, tirava a comunidade da beira do rio. Nunca houve alagamento na comunidade. Quando o município veio com esse argumento, juntamos um grupo de moradores, mais de 80, para levar a documentação para a Defensoria Pública. Entramos na justiça em nome de todos os outros que não queriam sair e conseguimos um laudo demonstrando que Indiana era área de baixo risco. Acabou o argumento de área de risco. Se a gente não tivesse entrado na justiça, a comunidade tinha sido removida, porque eles vieram com tudo", lembra Maria do Socorro da Silva de Oliveira, de 47 anos, liderança da favela e integrante do Comitê Popular da Copa.

Segundo ela, o processo de tentativa de remoção começou no primeiro mandato de Eduardo Paes e se acentuou em 2012, quando o secretário municipal de Habitação (na época Jorge Bittar), colocou um painel enorme, do Morar Carioca, na entrada da favela.

"Ele [Jorge Bittar] veio em janeiro de 2012 e disse que tinha 200 apartamentos em Triagem reservados para a Indiana e que quem quisesse podia ir. A comunidade é muito boa, muito tranquila. Não tem por que o Estado chegar e querer acabar com o lugar, o que a gente quer são melhorias. A Copa e as Olimpíadas têm a ver com a tentativa de remoção da nossa e de outras comunidades. A gente entendeu, no começo da luta, que eles queriam vender nosso terreno para especulação imobiliária. Esse discurso de 'sai quem quer', que 'quem quiser pode ficar' não cola. No fundo, o que a prefeitura quer é tirar todo mundo que está desse lado aqui para beneficiar um condomínio de luxo que fica atrás da Indiana, onde foi a favela Lapidário. Removeram as pessoas de lá há uns anos, alegando que o terreno ia afundar e hoje tem um *big* empreendimento. O valor dos apartamentos, nós fomos lá confirmar, é de R$ 500 mil a R$ 600 mil", conta Socorro.

> "A Copa e as Olimpíadas têm a ver com a tentativa de remoção da nossa e de outras comunidades. A gente entendeu, no começo da luta, que eles queriam vender nosso terreno para especulação imobiliária."

Naquele início de 2012, dos 610 moradores de Indiana, 107 decidiram aceitar a proposta de mudança para Triagem e mais três receberam indenização. "Curioso é que o presidente e o vice da associação estavam entre os indenizados, uma situação que nem se cogitava na época. A associação de moradores está vendida. Ela só representa quem quer ir embora", acrescenta Socorro.

Outro ponto comum no levantamento feito em outras favelas é promessa do prefeito. "Ele [Eduardo Paes] esteve na comunidade em agosto de 2012 e veio com a conversa de que nunca pensou em retirar a comunidade, dizendo que não mandou botar marcação nas casas. Ele é chefe do executivo e o secretário é subordinado ao prefeito, portanto, foi por ordem dele. No dia seguinte, veio um pessoal da prefeitura e apagou todas as inscrições. Nesse beco, tem uma casa marcada com 'D' de 'demolição'. Como eles iam demolir uma e não o resto, se uma é colada na outra e a entrada é um beco? Ia ter que demolir tudo. Com a ordem judicial, isso parou", relata.

Socorro se refere à liminar concedida à comunidade, que pedia a interrupção do processo de demolição das 107 casas. "Só oito foram demolidas [em dezembro de 2012]. Isso porque, os moradores que não queriam sair entraram na justiça conseguindo uma decisão favorável à comunidade, de parar a demolição e retirar os entulhos. Entrou o ano de 2013, foi uma luta. Só com a liminar que eles retiraram [os restos das casas demolidas], senão estaria até hoje, como eles fazem em outras comunidades", conta.

Além das demolições, Indiana também convive com os imóveis descaracterizados pela prefeitura. "Uma casa descaracterizada, vazia por cinco, seis meses? Se a pessoa não tem um lugar pra morar, vai ver aquilo vazio não vai ocupar? Claro que vai. Foi o que aconteceu aqui. Foi omissão mesmo da prefeitura. Ela deixou a casa vazia e ela foi ocupada."

A briga entre o município e a Indiana está longe de acabar e atingiu momentos tensos, como lembra Socorro. Segundo ela, em 2013, durante uma reunião com técnicos do município, ela foi agredida e desde então sofre ameaças de morte.

"Jogavam bilhetes pelo meu portão, com ameaças, colocando terror para ver se eu me calava. Uma pessoa que mudou da Indiana há mais de 15 anos veio nesse dia da audiência com o poder público e ficou no meio dessas pessoas que querem o apartamento de Triagem. Ela estava com um grupo de mulheres da comunidade, que me barrou quando eu cheguei. Essa mulher me deu um soco no peito. Isso foi feito na frente do assessor do secretário de Habitação. Meu marido, quando viu, correu e deu um empurrão. Aí, as outras vieram pra poder me agredir, mas uma delas entrou no deixa-pra-lá. No meu entender, a prefeitura não queria que eu estivesse presente naquela hora. Tanto é que mesmo depois disso tudo, os representantes do prefeito, da Secretaria de Habitação, subprefeitura, Geo-Rio, entre outros órgãos, mantiveram a reunião", recorda.

A favela Indiana, que já se chamou Irmãos Coragem, existe desde 1957, e começou com Amélia Lincon Igdorne, que saiu de Campos (RJ) com a família. Virou Indiana por uma brincadeira de Amélia, que dizia que seus parentes, vindos do Norte e Nordeste, faziam as casas umas coladas nas outras, "como se fossem índios".

Maria do Socorro vive em Indiana há mais de 40 anos. Morar na favela, mais do que um abrigo, é questão de história, de identidade afetiva e cultural. "Meus pais eram do Norte e moravam num ônibus, antes da gente chegar aqui. A parte de baixo era de um ônibus e em cima ele fez uma casa de madeira. Aqui só tinha mato. Meu pai veio primeiro, depois viemos eu, minha mãe e outros três irmãos. Depois de um certo tempo, ele não quis ficar aqui e fomos pra casa de um tio em Rio das Pedras. Só que lá, não passou muito tempo, meu pai largou minha mãe e daí voltamos pra cá de novo. E estou aqui até hoje. Tenho 47 anos, aqui casei, tenho uma filha de 21 anos e um filho de 27, e meu marido, que também nasceu aqui. E estamos aqui nessa briga. Não queremos sair. Eu vou pra luta mesmo!"

_Francisco de Assis Gomes

AREAL

NO COMPLEXO DO ALEMÃO, o início da rua Joaquim de Queiroz, na Grota, mudou totalmente a partir de 2008, desde que as obras do governo federal incluídas no Programa de Aceleração do Crescimento (PAC) chegaram. As empreiteiras demoraram anos para pavimentar 300 metros de via. Os ambulantes e suas barraquinhas de plástico improvisadas, onde se encontrava de tudo, de carregador de celular a churrasquinho, sumiram. A via aparentemente urbanizada vai até o Banco Santander, inaugurado após a intervenção militar na região, em 2010. Dali pra frente, longe dos olhos de quem passa pela Estrada do Itararé, avenida principal que corta o complexo de 15 favelas oficialmente reconhecidas pela municipalidade e que ocupam parte da Serra da Misericórdia, a realidade piorou. As manilhas de saneamento básico colocadas próximas ao valão não funcionam, servem

“É tanta tortura que você se revolta. É muito massacre contra nós.”

apenas para criadouro de insetos e esconderijo de roedores. A vala inunda em dias de chuva, jogando esgoto e lixo rua afora.

“A gente passa por cada coisa aqui, moça, e não pode fazer nada. As manilhas que eles colocaram na rua não funcionam. É só maquiagem. Não tá funcionando [a obra de saneamento básico]. Piorou. Virou depósito de mosquito. Você abre ali, tá tudo podre. Quando chove, então... Tá tudo entupido, água podre, rato, barata, mosquito. Tudo. Ali tem a galeria que eles tamparam, fizeram com um caninho estreitinho. Quebraram a parte de cima e de baixo [da rua] e deixaram o meio sem nada. Aquele início da Joaquim de Queiroz, eles levaram três anos e meio pra fazer. Faziam hoje, quebravam amanhã. Cadê os engenheiros pra olhar isso? Jogaram tanto dinheiro fora e na hora de oferecer indenização decente por nossos imóveis ficam se amarrando. É tanta tortura que você se revolta. É muito massacre contra nós”, desabafa o aposentado Francisco de Assis Gomes, de 64 anos, conhecido como Bigode.

Nesse tempo em que vive no Alemão, Bigode conseguiu com seu trabalho construir dois pontos comerciais e, em cima de um deles, a sua casa, onde vive com dois filhos adolescentes. A renda dos aluguéis dos pontos é que sustenta a família hoje.

Ele mora ali, onde a Joaquim de Queiroz faz uma curva e esconde a falta de saneamento da favela. Nesse ponto, a cerca de um quilômetro da entrada da favela, chamado de Areal, começou a pressão da Prefeitura Municipal do Rio de Janeiro, em 2013, para remover moradores e comerciantes. O projeto nunca foi apresentado à comunidade. Olhando, é difícil entender o motivo do alargamento de um trecho de 200 metros num resto de via estreita. Para os habitantes locais, a pretensão é acabar com o símbolo de um território dominado pelo tráfico durante décadas. Uma ideia um tanto quanto inútil, já que mesmo com as Unidades de Polícia Pacificadora, instaladas em 2012, o negócio de drogas ilícitas continua, com alterações no modo, na renovação de lideranças locais e nos lugares de distribuição.

Algumas casas já foram demolidas e outras tantas estão marcadas para morrer com a sigla da Secretaria Municipal de Habitação (SMH). Nesse pequeno pedaço de rua, uma montanha de entulho abraça um carro velho abandonado. O cheiro é insuportável. O acúmulo de lixo e de ratos mortos parece ser uma das estratégias mais comuns do poder público para pressionar os moradores a deixarem suas casas e comércios. Viver nesse cenário não é nada fácil.

"Moro no Alemão há 39 anos. Aqui era caminho de boi. A água, onde está aquele valão, era limpinha, dava pra beber. Nessa área toda só tinham duas casas. Agora eu, que nunca dei entrada na polícia, tô sendo esculachado."

O aposentado chama de esculacho o valor oferecido pela prefeitura para entregar sua moradia, um apartamento de 50 metros quadrados. A oferta que começou com R$ 21.636,30, com as constantes recusas do morador, alcançou R$ 41 mil. A indenização oferecida pelo município não daria para comprar nem um imóvel de dois quartos e 44 metros quadrados do Minha Casa Minha Vida, em Paciência, Zona Oeste, a 45 quilômetros do Complexo do Alemão e que tem um valor oficial de R$ 51 mil.

"Onde é que eu vou comprar uma casa por esse valor? Pelas minhas lojas, eles ofereceram R$ 9 mil por uma e R$ 17 mil por outra. Isso não é dinheiro, é uma falta de respeito. Eles falaram que o terreno não vale nada, que não é nosso. Bem aqui na frente, eles pagaram R$ 68 mil no terreno do cara. E é terreno sem nada. Por que a minha casa não vale nada? Uns dizem que a loja não vale nada. Como é que eles vão tirar a loja sem a casa (que fica em cima do estabelecimento comercial)? Eu disse: 'Não vem com conversa fiada, não'. Só na cabeça de um demente que eu vou deixar minha casa e ficar cinco anos com aluguel social. Minha casa não tá na área de risco, não tem uma trincadura. Não tem motivo pra remover. Se quiser chegar com trator pra derrubar, vai ter que ser comigo dentro."

Bigode não é o único a resistir. Comerciantes ao lado e outros moradores se recusam a ir pra Zona Oeste (a prefeitura organizou uma excursão para mostrar o Minha Casa Minha Vida, mas poucos se interessaram). "Nesse canto, ninguém saiu. Tá todo mundo na guerra. Aqui é minha moradia e meu ganha-pão, um conjunto só. O que eu consegui com toda luta o Estado quer me fazer sair? Isso aí não." A resistência continua.

_Ana Maria Pedrosa e João Teodoro Guimarães

MORRO DAS PALMEIRAS

A RUA DA TORRE, NO MORRO DAS PALMEIRAS, já no bairro de Inhaúma, é uma das estreitas vias que circundam a última das seis estações do teleférico do Complexo do Alemão, nos seus 3,5 quilômetros de extensão e muitas ambiguidades. O transporte a cabo consumiu R$ 210 milhões, se transformou em vitrine das obras do PAC e foi anunciado como um marco de mobilidade urbana para os quase 200 mil moradores do complexo, mas transporta bem menos do que 15% da população local. O único atrativo do teleférico é o "turismo safári", como ironizam os habitantes da região, por transportar apenas gente que olha as favelas do alto. Na prática, não significou nem alternativa de deslocamento e menos ainda de emprego e renda, como propagado pelo governo estadual. Os turistas raramente saem das cabines e pouco consomem do que é produzido pelo comércio local.

E a ambiguidade não termina aí. As ruas pavimentadas que dão acesso ao bondinho a cabo foram feitas sem qualquer análise anterior do solo. Pelo menos duas do Morro das Palmeiras, a da Torre e outra paralela na parte superior, foram construídas sobre nascentes. O desastre era inevitável. O solo encharcado e o peso dos carros na via iriam fatalmente levar a um desmoronamento. E ele aconteceu. Moradias antes seguras agora estão em situação de risco.

O drama da comerciante Ana Maria Pedrosa, que tem um pequeno bar na esquina de sua residência, onde mora com o marido, três filhas e um *poodle*, começou em maio de 2013. O barranco no fundo de seu quintal, que em 20 anos de vida ali nunca tinha apresentado problemas, perdeu a vegetação. O deslizamento de terra contínuo a cada chuva deixou em pé apenas uma árvore pendurada no alto da encosta. As raízes estão à mostra e se agarram a um punhado de barro. Está prestes a desabar sobre o terreno, exatamente onde foi construída a moradia de sua sogra, uma senhora doente de 78 anos e que até se mudou com medo de morrer soterrada.

Em maio de 2013, com os constantes desmoronamentos, a comerciante reclamou com os responsáveis pela obra do PAC, que recomendaram que ela desse entrada num pedido de obra de contenção. "Eu e minha vizinha entramos com o requerimento. Ela mora ali, no alto do barranco e tem a casa ameaçada também. Nada aconteceu e, em 11 de dezembro de 2013, um temporal fez com que parte do barranco deslizasse", lembra.

Debaixo de chuva, ela e as filhas ficaram com rodos e vassouras a noite inteira retirando e desviando o curso da lama para a rua, numa tentativa de evitar que a casa fosse invadida pela terra. A moradia da sogra, mais perto da encosta, ficou com barro na altura da janela, que nem abre mais.

"Na véspera de ano novo, a gente ficou aqui tirando terra do quintal. Moro aqui há 20 anos e nunca tinha acontecido isso. Começou com a obra do PAC na rua de cima. Agora, toda vez que chove é esse problema. Eu só queria que a prefeitura tirasse o barro daqui e fizesse uma proteção."

Ana Maria correu atrás do processo de triagem feito pela prefeitura para os desabrigados pela chuva. Não conseguiu nada. Esse, aliás, é um relato comum na região. Moradores de outros bairros que não estão em áreas de risco conseguem atendimento, mas os que realmente necessitam ficam de fora do cadastro municipal e são obrigados a conviver diariamente com o perigo.

DESMORONAMENTO

Um trecho da rua da Torre, a mesma de Ana Maria Pedrosa, ruiu por completo e carregou junto uma casa de dois andares. O que devia ser uma varanda na área superior, com seu piso em desenho diagonal em preto e branco, sobrou intacto em cima de escombros. Uma cena estranha. É como se fosse um navio afundando, com a proa fora d'água antes de submergir de vez. A capital registrou muitos pontos de alagamento e deslizamento de encostas naqueles dias de dezembro de 2013. Por causa de temporais que atingiram fortemente a cidade, soaram as sirenes de 48 comunidades, um alerta para que moradores deixassem as casas e procurassem os pontos de refúgio, conforme treinamento da Defesa Civil.

Vizinhos ouviram o estrondo. A família saiu um pouco antes da tragédia, ao ouvir um estalo. E ali se foi o esforço de uma vida, na construção, no acabamento feito ano a ano. E não foi a única. A residência no alto da rua, ao desabar, carregou mais oito. "Eu estava aqui no dia da chuva. Pedi pra minha filha colocar os documentos numa bolsa e sair correndo. Subi a escadaria e avisei o pessoal de casa que estava caindo. Assim que eles acabaram de sair, a estrutura desmoronou e foi derrubando as outras, como efeito dominó", lembra João Teodoro Nogueira, um senhor aposentado por invalidez, cego de um olho.

Somente uma construção separa a casa de João Teodoro dos escombros. Mais um pouco, sua moradia, no final da escadaria, na beira da rua Iodete, teria sido arrastada também. Após a tragédia, a mulher e os três filhos se mudaram para a varanda de um parente, no alto do morro em frente às Palmeiras, o São Benedito. Levaram tudo o que se podia tirar de dentro da casa. A Defesa Civil interditou o imóvel, mas não apontou nenhuma solução para a família. João Teodoro e um cachorro ficaram no prédio de dois andares para impedir que fosse invadido ou saqueado.

Fernanda Santos Rodrigues, de 32 anos, filha mais velha do aposentado, tem se desdobrado para vencer a imensa burocracia da Prefeitura do Rio de Janeiro. Passou pela triagem que foi feita no teleférico do Morro das Palmeiras, que também virou abrigo para os atingidos pelo temporal, mas todo seu esforço sumiu. O poder público não localizou o cadastro da família e, quando ela resolveu denunciar o caso nas redes sociais, as autoridades decidiram "desinterditar" a residência.

"Como eles não acharam nosso nome e não tinham mais o que fazer, desinterditaram a casa. Falaram que a gente podia voltar. Como nós estamos seguros se da casa que despencou até a nossa só tem uma? Aí, o cara [da Defesa Civil] diz que não tem risco eminente, mas avisa que quando chover é pra gente sair. Que segurança é essa? Eu exigi que ele nos desse um documento afirmando que nós estamos seguros. Ele fez uma declaração e assinou. Nem sei se vale alguma coisa. Fui obrigada a aceitar isso. Eu tirei foto da área do acidente, postei na internet pra ter uma segunda opinião sobre a questão. Apareceu na TV e foi só aí que eles resolveram tirar os entulhos. Prometeram que vão fazer uma contenção lá em cima. Eu, minha mãe e meus irmãos não voltamos porque temos muito medo", afirma Fernanda.

A rua da Torre quase nem existe mais. Uma faixa da prefeitura delimita o que sobrou da via. Só depois de dois meses, o poder público resolveu remover os entulhos que ameaçam casas na linha abaixo e nas laterais.

João Teodoro mudou para as Palmeiras há mais de 30 anos, quando a região ainda era área rural. Ele e outras sete famílias, fugindo do aluguel na Tijuca, começaram a ocupação, fizeram casas, a escadaria, as ruas, conseguiram que a Light colocasse energia, em 1981. Foi a partir de 1986 que o maciço, que liga Inhaúma ao Engenho da Rainha e localizado a uma altitude de 136 metros (menos da metade do Morro da Urca), recebeu um grande número de pessoas. Gente do Nordeste, de Minas Gerais e Espírito Santo, majoritariamente.

Nesse período, a única notícia preocupante era uma pedra que chegou a rolar. "Isso foi há muito tempo atrás. Ela rolou, mas quebraram e não houve danos. Tem outra ali que ameaça despencar e eles não fazem nada. Está até hoje ali. Mandaram o pessoal sair, pagaram aluguel social. O povo saiu, eles não derrubaram as casas, daí entraram outros. Agora, eles dizem que não têm condições de quebrar a pedra porque tem gente nas residências. É isso que acontece. Ficamos aí nesse perigo e eles não falam nada com a gente", reclama o aposentado.

Além da pavimentação sobre nascentes, as obras do PAC causaram outros prejuízos. Os gatos de luz e água foram removidos e a promessa é que os moradores pagariam pouco pelos serviços, que, em tese, seriam incluídos na conta social. A promessa da Light nunca funcionou bem e os talões trazem valores incompatíveis com a média salarial, em que 40,5% da população sobrevivem com até um salário mínimo e outros 21,4% ganham de um quarto a meio salário.

A qualidade dos serviços piorou bastante após as obras do PAC. João Teodoro explica que a ligação de água, que, pelo censo de 2010, atingia 100% das 691 casas, foi trocada e nunca concluída de fato. "O PAC fez os encanamentos, mas nada de água até agora nas casas. É só cano sem água. Tivemos que puxar a água lá de cima na ligação antiga. Nem a Cedae e nem a associação de moradores resolve o problema. Fomos nós que colocamos, mas a Cedae continua mandando a conta, sem fazer o serviço."

A moradia de Teodoro no pé da escadaria tem uma engrenagem de tubos de PVC colocada sobre o barranco, atravessando quintais, subindo até onde não se vê. Foi a maneira de resolver o que as concessionárias ignoraram.

"Essa rua está toda sem energia, sem luz nos postes. Eles vieram, trocaram a fiação, mas as lâmpadas estão todas apagadas há mais de três meses. Aqui os vizinhos têm que deixar as luzes de suas casas acesas para clarear para quem sobe e desce à noite e evitar que pessoas caiam."

Outro problema iniciado com as obras é a escada. A primeira feita pela comunidade, ligando a rua da Torre à Iodete, foi refeita nas obras do PAC, mas conforme o aposentado, em vez de destruir a antiga e fazer uma outra, as empresas jogaram entulho sobre a anterior. Embora estivesse previsto no projeto, não foram construídas canaletas para drenar a água da chuva. O resultado é que vários imóveis sofrem com infiltrações constantes.

A expectativa de melhoria nas comunidades beneficiadas com as obras do PAC está longe de se tornar realidade. Trezentos metros para dentro da entrada da favela existe uma outra comunidade, a mesma que sempre se virou, se reinventou numa cidade que preferia que não existisse.

_Maycom Brum

MORRO DO ALEMÃO

NÃO É DESPREZÍVEL O NÚMERO de pessoas que passou a morar em casas descaracterizadas (que têm suas portas e janelas arrancadas e as lajes furadas) no processo de remoção recente no Rio de Janeiro. Não há como saber quantas edificações foram parcialmente destruídas, mas moradores de favelas apontam que esse percentual chega até a 10% do total. Ficam ali por anos a fio ao lado de entulhos de destruição de moradias não retirados pelo poder público e que, fatalmente, serão ocupadas, considerando que no Brasil, segundo dados do Instituto Brasileiro de Geografia e Estatística (IBGE), mais de sete milhões de famílias estão sem teto e os principais centros urbanos contabilizam cinco milhões de imóveis desocupados.

Mesmo com toda a precariedade das residências, elas viram a única opção para muita gente sem-teto, seja população de rua, ou pessoas que perderam as condições de manter um aluguel.

O estudante Maycom Brum ocupou uma das casas não demolidas pelas obras do PAC no Morro do Alemão em 2009. Desempregado e na época com uma filha, Maycom ocupou a residência que era de seu irmão, indenizado pelo PAC um ano antes.

“Das cerca de 300 remoções no Morro do Alemão, mais ou menos dez não foram demolidas. Eu ocupei essa aqui embaixo, que é uma das oito nessa parte da favela. Todos os entulhos das demolições de 2008 continuam no Alemão. É tenso, porque você convive com ratos, baratas, com água da chuva empoçada e o risco da dengue. Mas a gente acaba criando raiz, se consolidando naquele espaço, ajeitando e esquecendo que aquilo foi ocupado. Você acaba se sentindo pertencente a esse espaço”, descreve Maycom.

Em fevereiro de 2014, após seis anos, os representantes do PAC no governo estadual foram ao Morro do Alemão e deram dez dias para os moradores desocuparem os imóveis.

“Agora, eles voltam para querer demolir por vários motivos. Um deles é eleitoral. Querem fazer obra de maquiagem, limpar o Alemão pra ver se reverte um pouco essa imagem do Pezão [então candidato do governador Sérgio Cabral à sua sucessão]. Isso é surreal! Quando chega o Estado e fala que você vai sair, é um choque. É um choque muito grande, um choque que todo mundo recebeu hoje.”

Os moradores das casas descaracterizadas no Alemão pressionaram e o governo ampliou o prazo para um mês. “Isso deixa claro que não tem nenhum projeto pra esse espaço. Perguntei se eles tinham uma planta do que seria feito aqui e a funcionária do governo respondeu que tinha, mas era confidencial. Como confidencial, se isso é público? Aí, ela falou que ia marcar uma reunião para me mostrar. Fica muito claro que não tem nada. Querem quebrar por quebrar. Na parte baixa do morro são oito casas. Lá em cima têm mais casos de pessoas que pegaram o espaço indenizado, mas é terreno, não tem casa propriamente construída. E tem só um caso de uma pessoa que construiu uma casa numa área que já foi indenizada. Aí, vai ser um outro debate”, explica Maycom.

“A resistência vai ser grande e vamos nos manter até o final. Quem tá aqui tá porque precisa de moradia. A única proposta do governo é ‘sai, porque senão a gente vai chamar a força policial’. Não vamos sair apenas porque eles querem maquiar as favelas para fazer propaganda política. Nós temos direito à moradia e vamos até o fim”, garante Maycom.

“ Quando chega o Estado e fala que você vai sair, é um choque. É um choque muito grande(...)”

Bibliografia

ABREU, M. de A. Evolução Urbana do Rio de Janeiro. Rio de Janeiro: IPP, 2010.

ACSELRAD H. (org.) *Cartografias Sociais e Território*. Rio de janeiro: UFRJ, IPPUR, 2008.

CARDOSO, A. L.; ARAGÃO, T. A.; ARAUJO, F. de S. Habitação de Interesse Social: Política ou mercado? Reflexos sobre a construção do espaço metropolitano. In: *XIV Encontro Nacional da ANPUR*, Rio de Janeiro, 2011.

CENTRO DE POLÍTICAS SOCIAS DA FUNDAÇÃO GETÚLIO VARGAS. *UPP e a Economia da Rocinha e do Alemão: do Choque de Ordem ao de Progresso*. Rio de Janeiro: Ed. FGV, 2011.

Cooperação Técnica BID/FUMIN - IBAM. *Programa de apoio à estruturação e desenvolvimento de modelos de micro PPP municipais*. IBAM, Rio de Janeiro, 2009.

Dossiê do Comitê Popular da Copa e Olimpíadas do Rio de Janeiro, Megaeventos e violações dos direitos humanos no Rio de Janeiro, 2012.

FAULHABER, L. *Rio Maravilha: práticas, projetos e intervenções no território*. Monografia de graduação. Rio de Janeiro: Universidade Federal Fluminense, 2012.

FERREIRA, J. S. W. *Produzir casas ou construir cidades? Desafios para um novo Brasil urbano. Parâmetros de qualidade para a implementação de projetos habitacionais e urbanos*. São Paulo: LABHAB; FUPAM, 2012.

FIX, M. *São Paulo cidade global - fundamentos financeiros de uma miragem*. Dissertação de mestrado. São Paulo: Universidade de São Paulo, 2005.

______. *Parceiros da Exclusão*. Rio de Janeiro: Boitempo, 2001.

FRÚGOLI JR., H. *Centralidade em São Paulo: trajetórias, conflitos e negociações na metrópole*. 2ª. ed. São Paulo: Edusp, 2006.

HARVEY, D. Do gerenciamento ao empresariamento: a transformação da administração urbana no capitalismo tardio. In: *Espaço & Debates*, São Paulo, n. 39, p. 48-64, 1996.

LIMA JUNIOR, P. N. *Uma estratégia chamada "planejamento estratégico": deslocamentos espaciais e atribuições de sentido na teoria de planejamento urbano*. Tese de doutorado. Rio de Janeiro: IPPR/UFRJ, 2003.

MARICATO, E. Globalização e Política Urbana na Periferia do Capitalismo, Revista *VeraCidade*, Ano IV, nº. 4, Março de 2009, p. 13-16.

NACIF, C. L. *Legislação urbana, política, conflitos e implicações espaciais na cidade do Rio de Janeiro (1993-2004)*. Tese de doutorado. Rio de Janeiro: Universidade Federal do Rio de Janeiro, 2007.

OLIVEIRA, F. L. de. *Competitividade e pragmatismo no Rio de Janeiro: a difusão de novas práticas de planejamento e gestão das cidades na virada do século*. Tese de doutorado. Rio de Janeiro: Instituto de Pós-graduação e Pesquisa em Planejamento Urbano e Regional da Universidade Federal Fluminense, 2003.

ROCHA, O. P. A era das demolições: cidade do Rio de Janeiro: 1870-1920. In:

CARVALHO, L. de A. *A era das demolições: cidade do Rio de Janeiro: 1870-1920. Contribuição ao estudo das habitações populares, Rio de Janeiro: 1866-1906*. 2a ed. Rio de Janeiro: Secretaria Municipal de Cultura, 1995.

SANTOS, A. M. S. P.; MOTTA, M. S. da. O "bota-abaixo" revisitado: o Executivo municipal e as reformas urbanas no Rio de Janeiro (1903-2003). *Revista Rio de Janeiro*, nº. 10, Rio de Janeiro, 2003.

SILVA, E. R. Planejamento Estratégico sem Plano, Arquitetura e Mercado Imobiliário: Um ensaio sobre os atributos urbanos da cidade do sol. In: *XIV Encontro Nacional da ANPUR*, Rio de Janeiro, 2011.

SOJA, E. W. *Geografias* Pós-Modernas: a reafirmação do espaço na teoria social. Rio de Janeiro: Jorge Zahar, 1993.

VAINER, C. Cidade de Exceção: Reflexões a partir do Rio de Janeiro. In: *XIV Encontro Nacional da ANPUR*, Rio de Janeiro, 2011.

_____. Os neoliberais também fazem planejamento urbano? Glosas ao "Plano Estratégico do Rio de Janeiro". In: *A cidade do pensamento único: desmanchando consensos*. Petrópolis: Vozes, 2000.

_____. Pátria, empresa e mercadoria: Notas sobre a estratégia discursiva do Planejamento Estratégico Urbano. In: *A cidade do pensamento único: desmanchando* consensos. Petrópolis: Vozes, 2000.

VALLADARES, L. P. *Passa-se uma casa: análise de remoção de favelas do Rio de Janeiro*. Rio de Janeiro: Zarah, 1980

1ª edição	março 2015
impressão	rotaplan
papel miolo	pólen bold 70g/m²
papel capa	cartão supremo 300g/m²
tipografia	lyon text e DINPro